D1922547

Margit Hertlein, Gaston Florin

Wunderbar

120 interaktive Publikumsübungen für Rednerinnen, Speaker, Präsentatorinnen und Moderatoren auf der Bühne

managerSeminare Verlags GmbH, Edition Training aktuell

Margit Hertlein, Gaston Florin
Wunderbar
120 interaktive Publikumsübungen für Rednerinnen, Speaker, Präsentatorinnen und Moderatoren auf der Bühne

Endenicher Str. 41, D-53115 Bonn
Tel: 0228 / 9 77 91-0, Fax: 0228 / 61 61 64
E-Mail: info@managerseminare.de
www.managerseminare.de/shop

ISBN: 978-3-95891-033-1

Herausgeber der Edition Training aktuell:
Ralf Muskatewitz, Jürgen Graf, Nicole Bußmann

Lektorat, Satz: Vera Sleeking
Fotografien: Jochen Wieland
Covermotiv: ©PinkBadger/depositphotos
Druck: Kösel GmbH & Co. KG, Krugzell

Inhaltsverzeichnis

Zu diesem Buch gibt es Downloadressourcen unter folgendem Link: https://www.managerseminare.de/tmdl/b,257774

Für wen ist dieses Buch?

Für Redner, Manager, Moderatorinnen, Vorstände, Lehrer, Pädagoginnen, Keynote Speaker, Innungsmeister, Politikerinnen, Aufsichtsräte, den einen oder anderen Klempner, CEOs, CIOs, CFOs, CLOs, Personalentwicklerinnen, Zauberer, Traine-rinnen, Jugendleiter, Erlebnisvermittler, Seminarleiterinnen, Chefinnen (ganz bestimmt für Chefinnen), für Anstifter, Spielmacherinnen, Führungskräfte, Hochzeitsredner, für Pantomimen eher nicht, aber für Geschäftsführerinnen, Magister, Wissenslieferanten, Marketingexperten, Studierende, Abteilungsleiterinnen, Wortakrobaten, Rhetorikgurus, Experten, Fachfrauen, Profis, Spezialisten, Autoritäten, Würdenträger, Conférenciers, Ausbilde-rinnen, Vereinsvorsitzende, Wissensanstifter, Wahrnehmungshelden, für Miesepeter auf gar keinen Fall, jedoch für Ermutiger, Leader, Entre- und Intrapreneurs, Weiterdenkerinnen, Jubiläumsredner, Bauchredner auch, Dekane, Wirtschaftsmogule, Bühnenbewohnerinnen, Oberhäupter, für Fußballtrainer eher nicht (sonst: Flasche leer), aber für Erlebnis- und auch Stahlfabrikanten, Instrukteure, Fachgrößen, Betriebsrätinnen, Fantasten, Wolkenschieber, Idealistinnen sowie Realisten und Individualisten, für Kommunikationswissenschaftlerinnen, Menschenunterstützer, Performer, Regionaldirektoren, Tatsachenmenschen, Exzentriker, Spielermöglicher, Ideengeberinnen, Berufsplauderer, Expertisepersönlichkeiten, Erkenntnisheroen, Gehirnschmalzbefürworterinnen, Human-Resources-Verantwortliche (wenn sie auf einer Bühne stehen), Vereinsvorsitzende, Verständnisvermittler, Erfahrungslenker, Befehlshaber, Wirklichkeitsmenschen, Change Champions, Empowerer ...

... für alle, die Inhalte vor einer Gruppe Menschen präsentieren wollen, müssen oder dürfen ... und wunderbarerweise ganz speziell für Sie.

Wenn hier in einem Atemzug von „Pädagoginnen“ und „Aufsichtsräten“ die Rede ist, so werden wir auch im Folgenden zur Bezeichnung von Personen unterschiedlichen Geschlechts in losem Wechsel immer mal wieder die weibliche oder die männliche Form verwenden. Wir lieben die Mischung!

Vorwörtlich genommen ...

… oder die üblichen Vorbemerkungen vor dem Anfang zur Einleitung des Beginns vom Vorwort des ersten Kapitels!

Fakt ist: Manche Rede ist nicht der Rede wert und manche Menschen halten eine Rede, obwohl sie besser den Mund halten sollten … Gut, dass diese zwei Autoren, Margit Hertlein und Gaston Florin ihren Mund nicht gehalten haben. Denn die beiden haben wirklich was zu sagen!

Bühnenprofis durch und durch, teilen sie mit uns ihren großen Erfahrungsschatz und zeigen, was man mit kleinen, feinen originellen Dingen aus einer Rede so alles machen kann, wie man Menschen begeistert, sie integriert, irritiert und berührt und warum das allen noch dazu enorm viel Spaß macht.

In diesem Buch sprudelt es also nur so von kreativen Impulsen, Tipps und Tricks für Vortrag, Seminar und Rede! Ja, auf den nächsten 280 Seiten gibt's ein Ideen-Feuerwerk von schrägen, herzlichen, menschlichen, lustigen, überraschenden, motivierenden Improvisationen, Übungen und Interaktionen für all jene, die etwas zu sagen haben und ihre Botschaften mal ganz anders – frisch, frech und nachhaltig vermitteln wollen. Und ich verrate Ihnen schon jetzt: Es macht süchtig nach mehr!

Doch wer sind die zwei, die unterschiedlicher und gleicher nicht sein könnten?

Sie ist ein Energiebündel der Kreativität, die ihresgleichen sucht, ein feuerroter Ideenkobold der Inspiration, eine herzliche Querdenkerin, eine wilde Henne der Vortragsszene. Der *Andere* nennt *Sie* liebevoll „seine kreativste Verknüpferin von Businessinhalten" und „die Meisterin der spielerischen Fantasie".

Der *Andere* ist ein Tausendsassa der Bühne: Schauspieler, Regisseur, Zauberkünstler, Weltenverknüpfer und Perspektivenlieferant, ein Seifenblasenverkäufer und Traumfabrikant. Sein Rollenrepertoire ist schier unerschöpflich und *Sie* nennt *Ihn* liebevoll „mein Profikindskopf". Mit fast 50 Jahren scheint die Pubertät für *Ihn* noch sehr weit entfernt zu sein! Und das ist gut so.

Was vereint die beiden?

Beide sind umtriebige Jäger und Sammler von kraftvollen, spielerischen Möglichkeiten, Menschen zu begeistern. Auf der Bühne, hinter der Bühne oder, wenn es sein muss, auch darunter. Beide haben die unbändige Lust und das Streben, das Verrückte mit dem Machbaren zu verbinden, auf dass unsere Welt bunter, lebendiger und reicher werde.

Beide haben erkannt, dass 1+1 nicht 2, sondern 3921 ist und dass aus vielen, kleinen Ideen, die man mit anderen teilt, etwas Großartiges entstehen kann. So wie dieses Buch!

Persönliches, ganz persönlich ...

Margit, Gaston, ich schätze Euch beide so sehr! Ich mag total Euren Zugang zu mehr Fröhlichkeit, Euren stetigen Drang nach Leichtigkeit, Euren frechen Mut, Neues auszuprobieren, um Altes besser zu machen. Und ich schätze Euch besonders als Menschen, die das *Menschsein* täglich ganz *groß* im Terminkalender stehen haben.

Liebe Margit, lieber Gaston, es ist für mich eine besondere Ehre, dieses Vorwort für Euch und für dieses Buch zu schreiben. Mir war aber schon am Anfang klar, dass ich mit einem Wort nicht auskommen werde.

Auch war mir voll bewusst, dass Ihr sonst niemand dafür gefunden habt, aber einer muss den Job ja machen, schließlich bin ich Arzt und immer dort, wo das Elend am Größten ist. :)

Ich weiß, dass Ihr jetzt lächelt und ich weiß auch, dass viele Redner und solche, die es werden möchten, lächeln werden und von Euren Tipps in diesem Buch enorm profitieren. Erfahrung kann man nicht downloaden, aber man kann Eure jahrelange Expertise hier nachlesen, um die Ideen dann selbst gleich auszuprobieren. Und das ist toll.

Und nun wieder zu Ihnen, werte Leser und Leserinnen.

Sie halten also bereits ein Stück Geschichte in den Händen. Ich wünsche Ihnen, viel Freude damit und Mut und Neugier beim Umsetzen dieser genialen, amüsanten Einfälle meiner zwei hervorragenden Kollegen, die das Herz am rechten Fleck haben – also links. Vertrauen Sie mir, ich bin Arzt.

Ich verspreche Ihnen, Sie werden sich amüsieren, Sie werden inspiriert und motiviert sein von dieser hohen Dosis sympathischen Quer- und Weiterdenkens.

Deswegen meine Therapieempfehlung: Begeistern Sie Ihre Zuhörer, Ihre Seminarteilnehmer, Ihre Fans und Faninnen – und das am besten viel öfter als 3-mal täglich!

Und nun lesen Sie los!

Mit vorbildlicher Selbstbeherrschung

Dr. Roman F. Szeliga
Arzt, Humorbotschafter, Weltverbesserer, Gesundmacher und Bühnenfetischist

Warum Interaktion?

„Es geht doch um ernsthafte Inhalte. Das ist ein Vortrag vor Führungskräften und nicht zur Unterhaltung da. Ich will nachhaltig Wissen vermitteln. Übungen, die nichts mit dem Thema der Veranstaltung zu tun haben, finde ich, mal gelinde gesagt, doof. Na ja, aber wenn ich ehrlich bin, es geht mir schon auf die Nerven, wenn ich bei unserem Außendienstkongress beim fünften Vortrag zum fünfzigsten Mal die Hand heben soll. Wenn es da was anderes gäbe …"

Wir haben dieses Buch geschrieben, weil Interaktion mit den Teilnehmern und Teilnehmerinnen sehr wohl etwas bringt: Abwechslung, Belebung, Aha-Erlebnisse und ein Publikum, das wunderbar konzentriert und neugierig ist.

Abwechslung

Der schwedische Psychologe K. Anders Ericsson sprach von 10.000 Stunden „Deliberate Practice", was mit „bewusstem Üben" übersetzt werden kann, um wirklich gut oder sogar großartig zu werden. Und 10.000 Stunden Inhalte immer in der gleichen Art und Weise zu hören oder zu üben, kann sehr, sehr mühsam werden.

Und da kommt die Interaktion ins Spiel. Sie sorgt dafür, dass die Menschen, obwohl sie ein Thema, einen Tipp, eine Vorgehensweise schon gehört haben, trotzdem an ein und demselben Handlungsstrang, an ein und derselben Tätigkeit dranbleiben, weil einfach die Art und Weise wechselt, wie geübt wird. Ist das nicht wunderbar?

Die Sinne werden einbezogen

Menschen, die gerne etwas „begreifen“ möchten, sind meistens total unterfordert. Sie würde gerne etwas mehr tun, als nur die Hand zu heben. „Oh, bitte, aufstehen, bewegen, was tun“, denken sich viele im Vortrag heimlich. Gerade für Menschen, die bei einem Kongress einen langen Sitztag hinter sich haben, sind interaktive Handlungsmöglichkeiten ein guter Anreiz, noch einmal konzentriert zu bleiben. Sie atmen auf, wenn mal was ausprobiert, wenn gehandelt werden kann, wenn man selbst spüren kann, wie etwas tatsächlich funktioniert. Denn dann war es am Ende eine „bewegende Tagung“. (Übungen mit Bewegung s. S. 27 f.)

Es sitzen unterschiedliche Menschen mit unterschiedlichen Bedürfnissen im Publikum, gerade was das Lernen angeht. Und Menschen lernen am besten, wenn alle Sinne angesprochen werden. Also arbeiten Sie für den Sehsinn bitte mit anschaulichen Bildern – klassisch mit Powerpoint, Flipchart oder Tafel – sowie mit Gesten und bildhaften Übungen (eine Übersicht dieser Übungen finden Sie auf S. 28). Und, nicht zuletzt, erfreuen Sie Ihr Publikum mit Stimmeinsatz, Übungen, bei denen gesummt, gerufen oder Tierstimmen nachgemacht werden. (Übungen mit Stimmeinsatz s. S. 29.)

Alle Zuschauer lieben es, auf verschiedenen Wegen den Sachinhalt angeboten zu bekommen. Und je öfter Sie bei einem Vortrag jeden unserer Sinne bedienen, desto nachhaltiger wird Wissen verankert. Ist das nicht wunderbar?

Freiräume

Viele Teilnehmer wünschen sich einen Freiraum, um miteinander ins Gespräch zu kommen, den Menschen neben sich kennenzulernen, sich mit den anderen Teilnehmern auszutauschen. Interaktion fördert die Kommunikation zwischen den Teilnehmern, bringt Menschen zusammen. Und manchmal wird dann durch interaktive Übungen aus einem „Haufen von Individuen" eine Gruppe Gleichgesinnter. (Übungen zur Gruppenbildung, s. S. 29.)

Manche Übungen sind so strukturiert, dass sie auch jedem für sich einen Moment zum Durchatmen geben, ein wenig Entspannung zwischendurch.

Wenn Redner in den Köpfen des Publikums lesen könnten, dann stünde da: „Bitte zwischendurch aufstehen, sich schütteln, ein paar Schritte gehen." Oft ist es erst dann wieder möglich, dass Inhalte aufgenommen werden können. Interaktion gibt diesen Freiraum und füllt ihn gleichzeitig mit Sinn, indem sie Konzentration unterstützt und Inhalte betont. Ist das nicht wunderbar? (Übungen zur Entspannung, als Energizer und zur Konzentration, s. S. 30, S. 31 und S. 32.)

Verbindung

Interaktion intensiviert den Kontakt zwischen Bühne und Publikum. Denn je größer der Raum, je mehr Personen zuhören und zuschauen, desto weniger können diese Personen sich ausdrücken, ihren Spaß, ihre Begeisterung oder eben auch die Abwesenheit davon zeigen. Deshalb ist der Applaus so wichtig, der Applaus ist eine der wenigen Ausdrucksmöglichkeiten, die das Publikum bei einem Vortrag hat. Die Teilnehmer partizipieren am Vorgang auf der Bühne durch ihr Klatschen. In diesem Buch gibt es einige Übungen, wie man Applaus gezielt einsetzen kann, ihn färbt, steuert, benutzt, denn das ist sehr viel öfter notwendig, als den meisten Rednern bewusst ist.

Durch Applaus wird Wissen verankert, er trägt zur Nachhaltigkeit und zum Transfer der Inhalte bei. Durch den Applaus können sich die Teilnehmer auch noch Tage nach der Veranstaltung an den Vortrag, die Inhalte, erinnern, da sie den Applaus gespürt, gehört und gesehen haben. Das Erlebnis, dass der Teilnehmer selbst und alle anderen drum herum geklatscht haben, hilft dem Langzeitgedächtnis auf die Sprünge. Das heißt, Applaus ist keine Einbahnstraße der Lobhudelei für den Redner, sondern eine Ausdrucksmöglichkeit für das Publikum. Ist das nicht wunderbar? (Methoden zu Applaus, Lob und zur Meinungsabfrage, s. S. 96 ff., S. 258 ff. und S. 76 ff.)

Für uns gehören interaktive Übungen einfach in jeden guten Vortrag, in jede gute Ansprache oder Rede. Sie schaffen mehr Aufmerksamkeit, mehr Konzentration und mehr Neugier. Die Vortragsinhalte werden verstärkt, verankert, erinnert, zum Glänzen gebracht und die Chance auf die Umsetzung im Alltag steigt enorm.

Die Übungen in diesem Buch bieten viele verschiedene Möglichkeiten, damit aus Unbeteiligten tatsächlich Teilnehmende bei einer Veranstaltung werden.

Ist das nicht wunderbar?

Das Bühnen- und Raumsetting

Wenn einem Team ein Projekt präsentiert wird, Studierenden ein Forschungsergebnis vorgestellt wird, die Führungskraft sich bei ihrem Team zum Projektende bedankt, bei einer Jubiläumsfeier eine Rede gehalten wird, der Vorstand auf der Betriebsversammlung spricht, die Ausbilderin ihre zukünftigen Auszubildenden begrüßt – dann ist immer Interaktion möglich.

In diesem Buch finden Sie dazu Übungen, die wir alle auf der Bühne verwenden. Manche sind Lieblingsübungen geworden, zum Beispiel der Lob-Bizeps auf Seite 260 für Margit und die Schneeballschlacht auf Seite 38 für Gaston. Unser Schwerpunkt für dieses Buch sind große Gruppen (also über 25 Personen und weit darüber hinaus) und auch größere Bühnen. Natürlich können Sie unsere Interaktionsideen auch in Workshops mit kleineren Gruppen einbauen.

Egal wo und vor wem Sie sprechen: Be prepared, Sie können immer mit dem Publikum interagieren. Aber jedes Setting erlaubt mehr oder weniger Interaktion bzw. Bewegungsmöglichkeiten.

Unsere Tipps für Sie

Sehen Sie sich den Raum vorher an.

Räume nehmen Einfluss auf die Aufmerksamkeit und Stimmung der Teilnehmer. Im Keller, ohne Tageslicht, mit schlechter Belüftung und schrecklichem Teppichboden, müssen Sie viel mehr Energie aufwenden, damit die Teilnehmer bei Ihnen, den Inhalten und nicht beim Teppichboden bleiben. Der Raumgrundriss, die Anordnung der Stühle, ob es Tische gibt oder nicht, alles hat Einfluss und kostet mehr oder weniger Energie. Seien Sie deshalb recht-

Wir wissen, warum dieser Punkt so wichtig ist. Gaston ist 1,73 Meter und Margit 1,60 Meter groß.

zeitig vor Ort oder informieren Sie sich vorher darüber, wie der Raum aussieht, denn der Raum ist Ihr Extrapartner.

Sie sollen sichtbar sein

Bitte halten Sie das nicht für selbstverständlich. In Firmenräumen, aber auch in Tagungshäusern ist oft keine Bühne vorhanden. Wenn der Raum nun eher lang als breit ist und fünfzehn Stuhlreihen hintereinander stehen, sind Sie vorne fast nicht mehr zu sehen (es sei denn, Sie sind glückliche 1,90 Meter oder größer). Kümmern Sie sich unbedingt vorher darum, dass Sie von überall im Raum gut zu sehen sind. Zur Not helfen umgedrehte Bierkästen als Minibühne, denn die Bestuhlung lässt sich bei großer Teilnehmerzahl nicht auf die Schnelle ändern.

Sie sollen hörbar sein

Verlassen Sie sich nicht darauf, dass man Sie normalerweise im Meetingraum gut versteht. Je nach Raumakustik und Publikumsgröße brauchen Sie ein Mikrofon, um gut verstanden zu werden. Damit Sie bei interaktiven Übungen mitmachen können, ist ein Funkmikro sinnvoll, dass Sie an Ihr Revers klipsen oder als Headset tragen. Den Sender stecken Sie in Ihre Jackentasche oder hinten an Ihren Rock- oder Hosenbund.

Aufmerksamkeit, Blickkontakt, Stimme und Bewegung

Je nachdem, wie der Vortragsraum bestuhlt ist, wird es Ihnen leichter oder herausfordernder gemacht, jedem im Publikum Ihre Aufmerksamkeit zu geben bzw. Blickkontakt zu halten. Wenn die Bühne sehr breit ist oder der Zuschauerraum sehr breit bestuhlt wird, dann wenden Sie sich immer wieder auch zu den Rändern, damit die dort sitzenden Zuschauer nicht „verloren gehen". Herausfordernd sind Balkone und die Arena. Aber egal wie – schenken Sie allen Menschen Ihren Blick. Reden Sie einfach immer so, als würden Ihre allergrößten Fans immer an den ungünstigsten Plätzen sitzen. Übrigens sind Ihre Zuhörer immer liebenswerte Menschen, die nicht gut hören, nicht gut sehen und ein wenig langsam sind, aber voller Bewunderung für Sie als Redner. Wenn Sie für diese Fans Tempo, Lautstärke und Bewegungsgröße auslegen, liegen Sie immer richtig.

„Stay happy if you loose": Egal wie das Bühnen- und Raumsetting ist: Stay happy!

Wichtige Fragen, damit Sie die passenden Übungen aussuchen

Sitzen oder Stehen?

Es gibt Übungen die unbedingt im Stehen gemacht werden müssen (etwa „Mir geht's gut", s. S. 208). Einfach aufstehen funktioniert sehr oft, allerdings gibt es manchmal feste Bestuhlungen, in denen das Publikum wortwörtlich festsitzt. Wenn Sie sich nicht sicher sind, fragen Sie nach oder probieren Sie selbst aus, ob man im Zuschauerraum gut stehen kann. Auf der anderen Seite sind manche Übungen gerade für eine feste Theaterbestuhlung prädestiniert (zum Beispiel „Stille Post Begrüßung", s. S. 60).

Wie viel Bewegungsraum ist für das Publikum vorhanden?

Die wunderbarste Publikumsinteraktion (etwa „Prinzessin, Ritter, Drache“, s. S. 252) funktioniert nicht, wenn sich dazu die Teilnehmer in einem Raum aufstellen sollen, in dem aber neben der Bestuhlung kein Platz vorhanden ist.

Ist der Raum hell oder dunkel?

Wenn Sie sich eine Übung aussuchen, bei der das Publikum etwas aufschreiben soll (zum Beispiel der „Morse-Operator“, S. 236), dann brauchen Sie dafür Saallicht. Besprechen Sie vorher mit den Technikern, wann Sie einen hellen bzw. dunklen Saal brauchen.

Die Wunderwelt der Vortragsräume

Theater

Die Teilnehmer können nicht gut mitschreiben. Alle Zuschauer zum Stehen und Herumlaufen zu bringen, kostet Zeit und braucht zusätzlichen Raum. Wenn in Blöcken bestuhlt ist, ist eine Gruppeneinteilung einfach. Sie können aus dem

Wettbewerb zwischen der einen und der anderen Hälfte eine Übung machen, zum Beispiel „Länderapplaus" (s. S. 98) mit verschiedenen Ländern für die verschiedenen Blöcke.

Hörsaal

Die Teilnehmer können gut mitschreiben. Wie bei der festen Theaterbestuhlung funktioniert Herumlaufen gar nicht und Stehen nur bedingt.

Parlament

Die Teilnehmer können leicht mitschreiben und die Tische lassen sich gut für Getränke, aber auch andere Gegenstände nutzen, die dann in einer Übung auftauchen (zum Beispiel „Fliegende Ballons" auf S. 83). Übungen im Stehen sind möglich.

Block oder Bierzelt

Bei langen Tafeln, die senkrecht zur Bühne stehen, besteht Genickstarrgefahr bei den Teilnehmern. Entspannungsübungen passen gut (zum Beispiel „Wider die Denkmütze", S. 196). Und wenn es eine Pause gibt, dann können Sie die Teilnehmer auffordern, danach die Seite zu wechseln. Das hilft ein wenig, die angestrengte Seite zu entspannen und schafft für die Zuschauer einen etwas anderen Blickwinkel.

Fischgräten

Den Gang zwischen den Tischblockreihen können Sie gut für die Interaktion nutzen (etwa „Die Welt mit anderen Augen sehen“, s. S. 120), denn Sie kommen nahe an die Menschen, die außen sitzen, heran.

Stehtische

Stehtische ermöglichen einen ungezwungenen Wechsel von Tisch zu Tisch. Je nach Kondition der Teilnehmer darf der Vortrag oder die Rede nicht zu lange dauern.

Bankett-, Gala- oder Bistrobestuhlung

Bei dieser Bestuhlung haben Sie schon die Gruppeneinteilung vorgegeben. Zuschauer, die am Tisch mit dem Rücken zur Bühne sitzen, sollten Sie dazu bewegen, sich nach vorne zu drehen. Vergessen Sie das, dann entstehen kleine Gesprächsgruppen, vor allem bei den hinteren Tischen, und die Aufmerksamkeit ist schwierig zu halten.

Zirkus und Arena

Sie sind im Zentrum der Aufmerksamkeit. Um es sich ein bisschen leichter zu machen, kann man seinen Standpunkt ein wenig dezentral wählen, dadurch ist mehr Publikum vor einem.

Tanzfläche vor der Bühne

Tanzflächen direkt vor der Bühne sind Energieschlucker, Sie brauchen sehr viel mehr Kraft, um über diesen Graben zu sprechen und zu agieren. Das Gute an der Tanzfläche ist der Zusatzplatz, den Sie gut für Übungen nutzen können (etwa „Raum-Reihe“, s. S. 68).

Balkon

Balkone bieten besondere Interaktionsmöglichkeiten (zum Beispiel „Papierflieger“, s. S. 82). Bevor die Veranstaltung losgeht, lassen Sie sich erklären, ob und welche Balkone mit Zuschauern besetzt sind. Damit Sie daran denken, zu diesen Zuschauern Kontakt aufzunehmen, selbst wenn Sie durch das Scheinwerferlicht geblendet werden.

6 Tipps für innere Haltung und guten Draht

Jetzt gilt es, Ihr Publikum ins Boot zu holen. Wie bekommt man die Menschen – ob sie nun begeistert sind, ob sie Mitmacher sind, oder aber eher distanziert veranlagt – ins Tun?

Die wichtigste Voraussetzung ist der gute Draht, die gute Beziehung zwischen Redner und Publikum. Und für diese Beziehung ist die innere Haltung des Redners ausschlaggebend. Deshalb unsere ultimativen sechs Tipps ...

1. Einladung

Bitte verstehen Sie alle Übungen als Einladung. Die innere Haltung dazu ist *„Liebes Publikum, ich lade Euch zu etwas ein, das Euch bereichern wird. Ich habe etwas Spannendes, Unterhaltsames, Entspannendes oder Informatives für Euch. Und, liebes Publikum, Ihr könnt es selbst erleben"*.

Diese einladende innere Haltung bewirkt, dass die Leute viel lieber mitmachen. Sie fühlen sich nicht gezwungen, sondern eben eingeladen.

Dazu gehört aber auch, dass Sie akzeptieren, wenn jemand die Einladung ausschlägt. Sie können Ihre Einladung zum Mitmachen wiederholen, zum Beispiel mit einer Geste, mit einem Augenzwinkern, aber wer nicht mitmachen möchte, möchte nicht. Punkt. Sie wissen nicht, warum der oder die Menschen im Publikum nicht möchten. Das ist manchmal schwer auszuhalten. Trotzdem: Akzeptieren Sie ein Nein, gehen Sie höflich, charmant, augenzwinkernd damit um. Es ist für die Stimmung des Einzelnen und des Gesamtpublikums und die Bereitschaft, Ihre Inhalte aufzunehmen, unglaublich wichtig, dass Sie einladen und nicht erzwingen wollen. Egal was passiert, finden Sie es wunderbar.

2. Mantra

Bei einem Mantra wird ein Wort oder ein Satz im Kopf immer und immer und immer wieder wiederholt. So ein Mantra schafft eine gute innere Haltung für alle Gelegenheiten auf der Bühne, wenn Sie noch nicht sprechen, sondern zum Beispiel die Bühne betreten, am Anfang an der Bühnenkante sitzen oder auf der Bühne warten. Gaston benutzt dazu gerne den inneren Satz „I love you", oft auch „Ich liebe Euch". Margit memoriert innerlich „Ich freu mich". Wenn Sie unsere Mantras verwenden wollen, nur zu.

3. Spielerisches inneres Kind

Ein spielerisches Kind haben wir alle in uns, egal wie alt wir sind. Die Frage ist nur, wie viel Raum diese innere Haltung von Ihnen bekommt. „Spaß beiseite" ist eine Entschuldigung von erwachsenen Menschen, wenn das spielerische Kind sich gezeigt hat. Ganz geheuer ist es uns nicht, wenn wir uns wie ein Kind freuen sollen. Bei Erwachsenen ist so viel ausgelassene Freude gleich verdächtig. Erwachsene haben nicht zu „spielen", so kreativ das auch immer sein mag, es soll gearbeitet werden, ernst und konzentriert. Aber die innere Haltung des spielerischen Kindes glänzt mit Begeisterung, Fantasie, Ausgelassensein und ist enorm ansteckend.

Pflegen Sie doch bitte auf der Bühne einen spielerischen, leichten Umgang mit Ihrem Publikum, voller Kreativität und Faszination. Wenn Sie bereit sind, zu staunen, neugierig zu sein und sich zu begeistern, dann ist es Ihr Publikum auch. Begeisterung verkürzt den Weg auf wunderbare Weise.

4. Dominanz und Status

Wir legen Ihnen wärmstens ans Herz, mit Status und Dominanz zu spielen. Verminderte Dominanz lässt sich wunderbar mit der inneren Haltung der Einladung kombinieren. Weniger dominant erscheinen Sie zum Beispiel, wenn Sie vor dem Vortrag auf der Bühnenkante sitzen, mit den Leuten Small-Talk treiben, die Menschen am Eingang lächelnd begrüßen. So sorgen Sie für gute Stimmung und machen sich nicht besonders wichtig. Aber trotzdem ist der gesamte Raum Ihr Raum. Und die Menschen, die kommen, begrüßen Sie wie als Gastgeber zu Hause. Dadurch schaffen Sie relativ rasch eine Atmosphäre, die es Ihnen ermöglicht, schon mal die Begeisterten und die Mitmacher auf Ihre Seite zu ziehen.

Damit distanziertere Teilnehmer von Ihnen Klarheit bekommen, ist auch die andere Ausprägung der Dominanz an dieser Stelle sehr wichtig. Es ist schließlich ein Spiel, nicht ausschließlich freundlich und nicht ausschließlich klare Ansage. Sondern ein Sowohl-als-auch. Klarheit, also hohe Dominanz, strahlen Sie aus, wenn Sie beim Erklären der Regeln Ihren Kopf sehr ruhig halten, Ihre Stimme klar und zielgerichtet ist.

Hohe Dominanz oder Status wirken souverän und klar, verminderte Dominanz wirkt freundlich und wenn Sie beide innere Haltungen abwechselnd miteinander verbinden, dann ist das wunderbar belebend.

5. Gedankenblasen lesen

Könnten Sie die Gedankenblasen Ihres Publikums lesen, würden Sie sehen, dass Ihren Zuhörern eine Menge Gedanken durch den Kopf gehen. Diese zu kennen geht besser, wenn Sie sich vorher vom Veranstalter die Publikumsgedanken erzählen lassen, sich in den vorherigen Vorträgen unter die Zuhörenden mischen, in der Kaffeepause einige Teilnehmer fragen, was sie sich von der Veranstaltung wünschen oder indem Sie einfach Mäuschen spielen. Schön ist es, wenn Sie freudige Gedanken mitbekommen, wie zum Beispiel *„Oh, das wird sicher ein toller Vortrag, ich habe schon von der Person gehört“, „Ich freu mich auf das Buffet danach, das hat schon so gut gerochen“, „Mensch, da kenn ich ja jede Menge Kollegen hier. Hoffentlich bekommen wir genug Pausen zum Quatschen“.*

Oft breiten sich aber eher unangenehme Gedanken in den Köpfen aus *„Oh nee, jetzt muss ich hier wieder irgendwas machen“, „So viel Arbeit im Büro und dann hier Zeit vertrödeln“, „Hoffentlich macht der Redner keine Übungen, wo man sich zum Deppen macht“.*

Benennen Sie in Ihrem Vortrag das Unausgesprochene, das aber trotzdem im Raum ist. Gehen Sie nicht über die Gedankenblasen des Publikums hinweg, sondern sprechen Sie sie aus und übertreiben dabei ein bisschen. Ein Augenzwinkern ist hilfreich. Mit dem Lesen von Gedankenblasen nehmen Sie den Kritikern den Wind aus den Segeln und geben den Menschen, die Lust darauf haben, die Erlaubnis, mitzumachen. Sie übernehmen auf der Bühne für die Zuschauer die Verantwortung für das Ungewöhnliche und damit erhöht sich die Bereitschaft zum aktiven Mitmachen und Lernen.

6. Spielerischer Wettbewerb

Viele Menschen motivieren sich durch Wettbewerb, nach dem Motto „Wenn die das schaffen, dann können wir das auch“.

Das können Sie nutzen, um alle Publikumstypen, Begeisterte wie Distanzierte, zum Mitmachen zu aktivieren. Dabei erwähnen Sie zum Beispiel eine andere Veranstaltung, mit einer grundlegend anderen Zielgruppe. Sie sagen zum Beispiel: *„Also bei der letzten Veranstaltung, da waren nur Führungskräfte“* (oder Bäcker oder Lehrer oder Beamte). *„Und die, die haben sich da echt schwergetan. Schauen wir mal, wie es bei Ihnen ist.“* Besser zu sein als die Lehrer, Bäcker oder Führungskräfte fühlt sich gut an. Deshalb nutzen Sie den gedachten Wettbewerb, der ja nicht wirklich stattfindet, als Anreiz zum Ins-Tun-Kommen für Ihr Publikum.

Das wird wunderbar aufregend.

Machen Sie sich selber ein Bild – wir haben die Übungen zu dem Zweck mit zahlreichen Fotos und Videos dokumentiert. Die Fotos finden Sie bei den entsprechenden Übungen. Ist dort eine Kamera angezeigt, finden Sie unter dem Link auf S. 6 ein Video zur Übung.

Möchten Sie eine Übung direkt einsetzen, finden Sie hilfreiche Handouts unter den Downloadressourcen zu diesen Buch. Über den Link, der im Inhaltsverzeichnis auf S. 6 angegeben ist, können Sie die Unterlagen herunterladen und ausdrucken.

Schnellfinder

Bewegung am Platz

Bewegung am Platz

Schnellfinder

Bewegung im Raum

Optisch wirksam

Denkanstoß

Konzentration & Fokus

1. Kapitel

Vorbereitung und Start

Den Redner verblüffen

Ziel

Die Teilnehmer werden schon vor dem Vortrag aktiviert und das Publikum zum Nachdenken über das Thema gebracht.

Übungsbeschreibung

Wenn Ihnen die Publikumsfragen wichtig sind und Sie auch die Gelegenheit haben werden, diese zu beantworten, dann können Sie mit dieser Übung:

- ganz besonders interessante Fragen zu Ihrem Thema bekommen, an die Sie bisher nicht gedacht haben.
- Fragen zu einer Zeit beantworten, die Sie selber bestimmen.
- Fragen fundiert beantworten, weil Sie mehr Zeit dazu haben.
- Fragen von „Ich muss auch meinen Senf dazu geben"-Teilnehmern beantworten, ohne diesen Personen Raum im Plenum zu geben.

Dazu verwenden Sie ein Flipchart oder eine Pinnwand, die Sie an den Eingang des Vortragsraums stellen. Daneben legen Sie Zettel und Stifte bereit, auf denen die Teilnehmer ihre Fragen notieren können. Die Zettel können Sie zum Beispiel wie rechts gezeigt vorbereiten.

Planen Sie Zeit für die Antworten ein, teilen Sie mit, wann Sie antworten werden und das Allerwichtigste: Antworten Sie auch. Sie wissen ja: Nichts hinterlässt einen so guten Eindruck wie ein Redner, der sich an sein Versprechen hält.

Variation

Statt Flipchart oder Pinnwand können auch am Abend vorher genutzt werden:

- E-Mail
- Twitter
- QR-Code
- andere Online-Möglichkeiten

Technische Hinweise

- **Material**: Flipchart oder Pinnwand bereitstellen, daneben eine Möglichkeit, die Fragezettel und Stifte auszulegen.
- **Vortragssetting**: Teilnehmer brauchen direkt vor dem Vortrag etwas Zeit, um sich in das Thema hineinzudenken und auch Zeit, das nötige Licht und einen Platz, um die Fragezettel auszufüllen.
- **Zeitpunkt:** Vor der Veranstaltung/am Abend vorher/direkt vor dem Vortrag
- **Publikumsbeteiligung:** Alle
- **Dauer:** 10 Minuten

Ihre Frage:

..........Ihr Name

Wann soll ich Ihre Frage beantworten:
- O in der Kaffeepause
- O direkt nach dem Vortrag
- O heute Abend um 18.00 Uhr

Ihre Frage:

Auf welchem Weg soll ich Ihre Frage beantworten:
- O per E-Mail

______ Ihre Mailadresse

- O im Intranet für Alle
- O ...

Der Erwartungsrücken

Ziel

Eigene Erwartungen werden geklärt und die anderen Teilnehmer und ihre Erwartungen werden kennengelernt. Die Methode stellt rasch Kontakt her.

Übungsbeschreibung

Jeder, der den Vortragsraum betritt, bekommt einen dicken Filzstift und eine Moderationskarte, auf der zum Beispiel steht: „Meine Erwartung heute ist: ..."

„Herzlich willkommen. Jeder hat jetzt eine Karte und einen Stift und natürlich haben Sie auch Erwartungen, was heute/jetzt gleich/anschließend passieren soll. Deshalb bitte ich Sie, dass Sie Ihre Karte ausfüllen. Was sind Ihre Erwartungen? Kurz und knapp bitte. Und dann befestigen Sie die Karte an Ihrem Rücken. Sie können gerne die anderen Teilnehmer um Hilfe bitten."

Die Teilnehmer füllen ihre Karte aus und jeder klebt sich seine Karten auf den Rücken. Natürlich können bei der Rückenaktion auch andere Teilnehmer helfen.

„Gut so, und jetzt laufen Sie ein wenig herum, lesen die Karten und sprechen die Teilnehmer an, von deren Antworten Sie sich angezogen fühlen."

Variation:

Statt selbstklebender Zettel können Sie auch Tesakreppstreifen zum Anheften von Karten vorbereiten. Achtung: Wenn Sie bei einer großen Gruppe nur eine Rolle Tesakrepp hinlegen und die Teilnehmer die Streifen selbst abreißen lassen, dann kommt es sofort zum Stau.

Technische Hinweise

- **Material**: Selbstklebende Zettel oder Moderationskarten mit Tesakrepp und Moderationsstifte. Mit Kugelschreiber beschriftete Karten sind nicht lesbar.
- **Vortragssetting:** Die Teilnehmer brauchen direkt vor dem Vortrag etwas Zeit, um sich in das Thema hineinzudenken und auch Zeit, das nötige Licht und einen Platz, um die Fragezettel auszufüllen.
- **Vorbereitung**: Das Material bereitstellen und Helfer zum Verteilen besorgen. Die Vorbereitung dauert etwa 15 Minuten.
- **Zeitpunkt:** Start
- **Publikumsbeteiligung**: Alle
- **Spielhaltung:** Klare Ansage
- **Dauer**: 10 Minuten
- **Inspiration:** Bei einem Kongress erlebt

Schneeballschlacht

Ziel

Das Publikum kann sich zu sehr spezifischen Punkten beteiligen – stimmungsvoll und vergnügt. Es werden Fragen für die Podiumsdiskussion generiert.

Übungsbeschreibung

Hier können die Menschen Fragen, die sie zu einer Podiumsdiskussion oder einem Vortrag haben, auf einen Zettel schreiben, den sie zu einem Ball zusammenknüllen und nach vorne Richtung Bühne werfen. Wenn die Räume sehr groß sind, muss man natürlich die Leute bitten, die Bälle, die bei ihnen landen, immer weiter nach vorne zu werfen, bis sie alle da sind. Und dann kann die Moderatorin oder die Vortragende die Bälle aufnehmen und einige von den Fragen beantworten. Auch das macht sehr viel Spaß.

Variation:

Die Schneeballschlacht kann man auf Anfrage lostreten – sodass viele Bälle gleichzeitig fliegen. Alternativ bekommen die Teilnehmer Erlaubnis, die Bälle zu werfen, wann immer sie eine Frage haben.

Technische Hinweise

- **Material**: 5–10 Papierbögen pro Teilnehmer
- **Vortragssetting**: Jedes
- **Vorbereitung**: Die Zuschauer mit Papier versorgen und eine Bestechung für die Hausmeister mitbringen
- **Zeitpunkt:** Beginn – dann jederzeit
- **Publikumsbeteiligung**: Alle
- **Spielhaltung**: Klare Ansage/Augenzwinkernd
- **Dauer:** 3 Minuten
- **Inspiration:** Gaston Florin

Dem Fehler auf der Spur

Ziel

Die Hauptbotschaft bzw. Key Message wird „nebenbei“ visualisiert. Die Teilnehmer entdecken ihre Fehlerfokussierung selbst. Selbstentdeckendes und nachhaltiges Lernen.

Übungsbeschreibung

Ein Flipchart kann mit einer sehr speziellen Botschaft verwendet werden. Dazu müssen die Teilnehmer vor der Veranstaltung genug Zeit (mindestens 10–15 Minuten) haben, um im Veranstaltungsraum umherzuschlendern. Stellen Sie das Flipchart an eine Stelle, welche die Teilnehmer gut sehen können, wenn sie in den Raum kommen, etwa direkt am Eingang.

Verwenden Sie kein vorgedrucktes Plakat, sondern schreiben Sie selbst auf das Flipchart. Geben Sie dem Blatt eine neutrale Überschrift.

Sie können sicher sein, dass ein Teilnehmer zu Ihnen kommt und Sie darauf hinweist, dass in Ihrer Aufgabenlösung ein Fehler ist.

Bauen Sie diese Teilnehmerrückmeldung in Ihren Vortrag ein, zum Beispiel so: *„Frau Meier kam gerade zu mir und hat mich auf einen Fehler aufmerksam gemacht. Auf dem Flipchart mit den Rechenaufgaben – haben Sie diesen Fehler auch entdeckt? Danke Frau Meier. Bei der Gelegenheit: Ist das nicht spannend, dass wir wahrscheinlich alle bei sieben Rechenaufgaben den Fehler entdecken und auch auf den Fehler aufmerksam machen? Wir könnten ja auch beides sehen, die richtigen Ergebnisse und die Fehler …“*

Technische Hinweise

- **Material:** Flipchart-Papier und ein dicker Filzschreiber
- **Vortragssetting:** Zunächst Bewegung, dann Sitzen oder Stehen
- **Vorbereitung:** Für das Flipchart einen geeigneten Platz suchen, der jedem Teilnehmer auffallen müsste. Das Flipchart beschreiben und anbringen
- **Zeitpunkt:** Vor der Veranstaltung
- **Publikumsbeteiligung:** Alle
- **Spielhaltung**: Liebevolle Aufmerksamkeit/Augenzwinkernd
- **Dauer**: Die Flipcharts sind vor, während und nach Ihrem Vortrag sichtbar. Bei einer Vortragsreihe mit anderen Kollegen ist daher der Schlussvortrag am günstigsten (sonst sind Ihre Botschaften noch sichtbar, während ein anderer Sprecher über ein anderes Thema referiert). Es muss aber Zeit zum Aufhängen sein.
- **Inspiration:** Gaston Florin

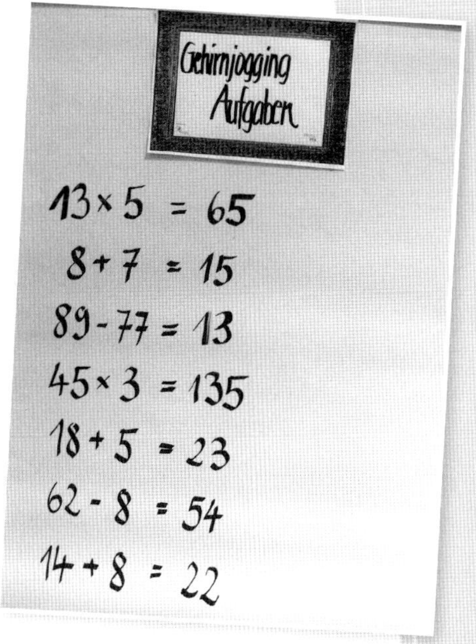

Periphere Stimuli

Ziel

Hauptbotschaften bzw. Key Messages werden „nebenbei" visualisiert. Die Teilnehmer entdecken die Botschaften selbst. Selbstentdeckendes und nachhaltiges Lernen.

Übungsbeschreibung

Weil „Lernplakat" so schmucklos und unauffällig klingt, benutze ich zum Anpreisen lieber den Fachbegriff.

„Periphere Stimuli" ist in der Suggestopädie der Fachbegriff für Lernplakate. Diese Lernplakate habe ich erst im Laufe der Zeit zu schätzen gelernt, sie sind richtig hilfreich für ein Thema.

Es gibt einige Möglichkeiten, was alles auf den peripheren Stimuli stehen kann:

- Zitate und Sprüche (siehe oben) zu Ihrem Thema
- Wichtige Aussagen aus Ihrem Vortragsthema
- Definitionen
- Prozessschritte

Periphere Stimuli sind eine gute Einstimmung auf Ihr Thema, die das Publikum „nebenbei" aufnimmt. Man kann sie auch mit dem Begriff „Priming" in Verbindung bringen. Priming meint eine Art Grundierung des Denkens, ein Beeinflussen, damit in eine bestimmte Richtung gedacht wird. Oder, anders ausgedrückt: Priming ist die Erklärung für die Erleichterung einer Reaktion auf einen Zielreiz (Target) aufgrund der vorherigen Darbietung eines Bahnungsreizes (Prime).

Technische Hinweise

- **Material:** Farbiger Karton in A2, A1 oder A0/Bilder oder Fotos zur Ergänzung (z.B. aus Kalendern). Klebestreifen, die an den Wänden keine Spuren hinterlassen, oder Pinnwände und Nadeln

- **Vortragssetting**: Sitzen oder stehen
- **Vorbereitung**: Die Vorbereitung ist aufwendig, Vorbereitetes kann aber wiederverwendet werden. Als Erstes klären Sie, wie die Wände im Vortragsraum und vor dem Vortragsraum beschaffen sind und ob Sie dort Plakate aufhängen können. Die Tagungsverantwortliche eines barocken, frisch renovierten Tagungshauses hätte mich fast „aufgefressen“, als ich meine peripheren Stimuli an die Wände kleben wollte. Wenn die Wände tabu sind, dann können die peripheren Stimuli auch an Pinnwänden hängen, die vor den Wänden stehen.
- **Zeitpunkt:** Vor dem Start, in der Pause oder nach dem Vortrag, um wesentliche Punkte Ihres Vortrags zu verstärken
- **Publikumsbeteiligung:** Alle
- **Spielhaltung:** Liebevolle Aufmerksamkeit
- **Dauer:** Die peripheren Stimuli sind vor, während und nach Ihrem Vortrag sichtbar. Bei einer Vortragsreihe mit anderen Kollegen ist daher der Schlussvortrag am günstigsten (sonst sind Ihre Botschaften noch sichtbar, während ein anderer Sprecher über ein anderes Thema referiert). Es muss aber Zeit zum Aufhängen sein.
- **Inspiration:** Erlebt in meiner Suggestopädieausbildung und wiedergefunden bei Messer, Barbara (2016): Inhalte merk-würdig vermitteln, Beltz, Weinheim.

Setzen lassen

Ziel

Ein Für-sich-Sorgen mit Lachen sorgt für zwischenzeitliche Entspannung. Die Teilnehmer werden aktiviert und wieder aufnahmefähig.

Übungsbeschreibung

„Setzen lassen" ist eine schöne Übung, wenn Sie den Schlussvortrag halten. *„Viele von Ihnen haben heute schon eine ganze Menge Inspiration/Information/Ideen/Anregungen/Input bekommen. Und vielleicht sind Sie jetzt, beim letzten Vortrag, auch schon bis oben hin voll."* Dazu eine Geste machen, z.B. mit der flachen Hand an die Stirn oder über den Kopf zeigen.

„Damit aber noch ein wenig Platz für Input bleibt, müssen sich Themen auch setzen können. Um das im Schnelldurchgang zu erreichen, stehen Sie doch bitte kurz für diese Übung auf. Stellen Sie sich aufrecht und locker hin. Gehen Sie mit mir in Gedanken diesen Tag durch." Sie können auch die jeweiligen Themen oder Vortragstitel oder Ideen aus den anderen Workshops bzw. Vorträgen nennen.

- *„Da war heute morgen ... Und jetzt schütteln Sie sich kurz durch, damit es sacken kann. Sie können dazu auch einmal hochhüpfen.*
- *Danach war ... wieder schütteln oder hochhüpfen*
- *Dann kam ... jetzt kräftig schütteln*
- *Darauf folgte ... Schütteln, schütteln, schütteln*

- *Schließlich hatten wir noch ... Und jetzt noch mal ganz kräftig schütteln und zur Sicherheit noch einmal hochhüpfen, sehr gut.*
- *Jetzt müsste wieder Platz sein."*

Technische Hinweise

- **Vortragssetting**: Stehen
- **Zeitpunkt:** Start
- **Publikumsbeteiligung:** Alle
- **Spielhaltung**: Spielerisch
- **Dauer**: 5 Minuten
- **Inspiration:** Margit Hertlein

Shake it

Ziel

Die Teilnehmer werden wach und aktiv.

Übungsbeschreibung

„Es wird Zeit, den Körper ein bisschen aufzuwecken. Ich darf Sie bitten, alle aufzustehen. Ja, stehen Sie auf. Stellen Sie sich hin. Hervorragend. Wie fühlen Sie sich gerade? Scannen Sie Ihre Körperwahrnehmung, so, als wären Sie alle Samurais oder Balletttänzer.

Jetzt konzentrieren Sie sich auf Ihren linken Arm und schütteln Sie den mal so ein bisschen, so, ein bisschen nach oben, ein bisschen nach unten, genau. Wenn Sie Platz haben, ein bisschen nach vorne, ein bisschen zurück. Richtig feste schütteln, dass der ganze Arm geschüttelt wird, als würden Sie Farbe nach unten in die Finger schütteln. Nur oben schütteln, noch mal, und noch mal nach unten schütteln und noch mal nach vorne und noch mal nach hinten. Und kurz Pause machen.

Und jetzt spüren Sie mal, wie sich der rechte Arm ein bisschen anders anfühlt als der linke. Der kribbelt vielleicht ein bisschen oder ist wärmer, schwerer oder länger.

Und damit der andere Arm nicht einsam und verlassen ist, darf ich Sie bitten, auch den anderen Arm, nur einen Arm, zu schütteln. Nach oben und nach unten, ja, ein bisschen wilder, noch ein bisschen, jetzt, genau. Passen Sie nur auf Ihren Nachbarn auf, damit Sie niemanden ausknocken. Hervorragend, noch ein bisschen, noch 30 Sekunden, richtig wild schütteln … und stopp.

Kurz wahrnehmen: Wie fühlt sich der Arm an? Kribbelt der genauso wie davor der erste Arm?

Und Sie merken vielleicht schon selber, auch die Beine wollen gerne ein bisschen geschüttelt werden. Ich darf Sie bitten, ein Bein zu nehmen und das gut zu schütteln, so viel, wie Sie Platz haben. Sie können sich gerne am Nachbarn festhalten, richtig so. Noch ein bisschen schütteln, noch ein bisschen schütteln, noch 20 Sekunden schütteln. Das ist sehr gut, was Sie da machen, noch 10, noch 5, ich bin sehr schnell, noch 3 und kurz abstellen. Und spüren Sie, wie fühlt sich das Bein an, das Sie jetzt am meisten geschüttelt haben? Fröhlich, es ist ein fröhliches Bein.

Und das andere Bein, schütteln, schütteln, schütteln, schütteln, schütteln, schütteln, nur das Bein, nur dieses eine Bein, nur das Bein. Stellen Sie sich vor, Sie schütteln Farbe bis hinunter in die Zehenspitzen, ja, als wäre das eine Farbtube und Sie schütteln da die ganze Farbe rein, ja, noch ein bisschen und abstellen. Kurz nachspüren.

Jetzt darf ich alle Brillenträger bitten, ihre Brillen in Sicherheit zu bringen, und ganz vorsichtig auch den Kopf ein bisschen zu schütteln.

Sehr gut. Und dann können Sie kurz nachspüren und Sie merken schon, da braucht man dann in der Pause kein Bier, da schüttelt man nur seinen Kopf, das hat dieselbe Auswirkung. Gut und dann zum Abschluss, meine sehr verehrten Damen und Herren, ganzheitlich, bevor wir uns in den nächsten Vortrag stürzen: Noch mal rechter Arm, rechtes Bein, linkes Bein, linker Arm und den Kopf, alles zusammen ein bisschen schütteln, hervorragend. Kurz wahrnehmen!

Und dann, meine Damen und Herren, wird es Zeit für den nächsten Inhalt …“

Variation

Zum Geschüttel kann man auch noch Töne anleiten, am besten von „Mmmmhhh" zu „Aaaahhhhh".

Technische Hinweise

- **Vortragssetting**: Jedes
- **Zeitpunkt:** Jederzeit
- **Publikumsbeteiligung:** Alle
- **Spielhaltung:** Klare Ansage/Spielerisch/Hohe Energie
- **Dauer**: 5–7 Minuten
- **Inspiration:** Theater

Massen-Massage

Ziel

Die Zuschauer werden aufgelockert und in Kontakt gebracht.

Übungsbeschreibung

„So, ich darf Sie jetzt bitten, alle aufzustehen. Die Hände ein bisschen locker machen, sich locker machen, ein bisschen schütteln, die Hände nach vorne ausstrecken, wie so kleine Zombies, gut so. Und dann drehen Sie sich bitte um 90 Grad nach rechts und legen Ihre Hand, Ihre beiden Hände, auf die Schultern des jetzt vor Ihnen Stehenden und dann massieren Sie Ihrem Partner ein bisschen die Schultern. Achten Sie darauf, wie fest oder weich es für Ihren Partner angenehm ist, kneten Sie ein bisschen, genau. Die Massierten dürfen gerne auch Töne von sich geben. Oh, das ist gut. Mmmh, fein. Ein bisschen mehr oder ein bisschen weniger.

Und schließen Sie diese Mini-Massage ab und drehen Sie sich wieder nach vorne und jetzt um 90 Grad auf die andere Seite. Legen Sie Ihre Hände auch dort auf die Schultern Ihres Partners, damit auch er in den Genuss kommt, damit auch wirklich die an den Rändern ein bisschen Massage abbekommen. Und massieren Sie hier sanft, aber bestimmt mit genau der Kraft, die Ihrem Partner gut tut. Dabei können Sie sich auch schon mal vergewissern, wie Ihre Nachbarn rechts und links eigentlich heißen.

Dann darf ich Sie bitten, wieder Platz zu nehmen und dem nächsten Vortrag zu lauschen."

Technische Hinweise

- **Vortragssetting:** Jedes
- **Zeitpunkt:** Zu Beginn oder zwischendurch
- **Publikumsbeteiligung:** Alle
- **Spielhaltung:** Liebevoll/Dominant/Achtsam/Behütend
- **Dauer**: 3 Minuten
- **Inspiration:** Impro-Theater

Spannende Begrüßung

Ziel

Diese Begrüßung lockert, belebt und startet einen Diskurs über ihre Wirkung. Es wird Beziehung geschaffen.

Übungsbeschreibung

„Stehen Sie kurz auf und wenden Sie sich Ihrer rechten Nachbarin zu. Wenn Sie keine rechte Nachbarin haben, dann wenden Sie sich Ihrer linken Nachbarin zu. Hervorragend.

Und begrüßen Sie sie einfach mal ganz normal mit einem ganz normalen Händedruck, so wie Sie das gewohnt sind. Und stellen Sie sich dabei vor.

Genau das können Sie auch noch mal zur anderen Seite machen, also nach links respektive rechts. Gut so.

Jetzt machen Sie das mal mit so wenig Spannung wie möglich, also so, als ob es Sie unglaublich viel Anstrengung kostet. Je schlapper Sie dabei die Hand geben, desto besser. Ja, einmal nach rechts, einmal nach links. Hervorragend.

Und jetzt eine Begrüßung mit so viel Spannung, so viel Energie wie nur möglich, einmal nach rechts, einmal nach links, stellen Sie sich vor, möglichst viel Energie, möglichst viel Spannung, was machen Sie dabei, wie fühlt sich das an? Richtig.

Und last, but not least, noch mal ganz normal. Diesmal begrüßen Sie auch die Menschen vor und hinter ihnen.

Tauschen Sie sich kurz aus: Welche Version war am spannendsten, welche Version für Sie am angenehmsten?“

Technische Hinweise

- **Vortragssetting**: Jedes
- **Zeitpunkt:** Beginn
- **Publikumsbeteiligung**: Alle
- **Spielhaltung**: Einladend/Hohe Energie
- **Dauer:** 5 Minuten
- **Inspiration:** Jacques LeCoque

Augenkontakt

Ziel

Vertrauen wird im Zuschauerraum erzeugt.

Übungsbeschreibung

„Suchen Sie sich bitte eine Partnerin rechts von Ihnen, links von Ihnen oder vor oder hinter Ihnen. Haben Sie jemanden? Suchen Sie sich eine möglichst bequeme Haltung, in der Sie dieser Person jetzt eine Weile in die Augen sehen können. Und schauen Sie sich die Augen ganz genau an. Welche Form haben die Augen? Welche Farben sind wirklich zu sehen? Ist da wirklich nur Braun, oder gibt es andere kleine Schattierungen darin? Sehen Sie sich das Auge, die Iris, so genau an, dass Sie sie im Anschluss zeichnen könnten. Versinken Sie in den Augen ein bisschen. Genau.

Und dann, ganz allmählich, verabschieden Sie sich von Ihrer Partnerin und wenden sich wieder nach vorne. Spüren Sie noch einen kleinen Moment nach. Was ist da entstanden, wenn man jemandem so lange in die Augen schaut? Was passiert da in mir? Vielleicht gar nichts. Vielleicht ist aber das Echo eine Gefühlslage. Vielleicht entsteht Vertrauen. Vielleicht entsteht Nähe. Vielleicht ist es zu nahe. Schauen Sie einfach, was ist da passiert?

Und wenden Sie sich jetzt noch einmal einer anderen Partnerin zu und machen Sie die gleiche Übung noch mal."

Durch diese Übung entsteht Vertrauen, kleine Brücken von Vertrauen. Dieses Sich-tief-in-die-Augen-Schauen imitiert das Verhalten von Menschen, die einander sehr mögen. Frisch Verliebte schauen sich stundenlang in die Augen. Wird dieses Verhalten, sich tief in die Augen zu gucken, angeleitet, entsteht auch Vertrauen und Zuneigung. Dadurch kann man auf eine entspannte Art und Weise zur Gruppenbildung beitragen.

Technische Hinweise

- **Vortragssetting**: Jedes
- **Zeitpunkt:** Beginn/Jederzeit
- **Publikumsbeteiligung:** Zweiergruppe
- **Spielhaltung:** Klare Ansage/Ruhig
- **Dauer**: 2–10 Minuten (je nachdem, wie oft die Übung wiederholt wird)
- **Inspiration:** Wiseman, Richard (2010): 59 seconds. Think a little, change a lot. Pan Books, London, Basingstoke, Oxford.

Raumgreifende Begrüßung

Ziel

Die Begrüßung lockert und belebt. Die Zuschauer werden zur Begegnung ermutigt.

Übungsbeschreibung

„Stellen Sie sich für einen kurzen Moment mal hin. Alle kurz aufstehen. Hervorragend. Jetzt darf ich Sie bitten, Ihren unmittelbar nächsten Nachbarn mit einem kleinen Winken zu begrüßen, pantomimisch sozusagen, so … das sieht gut aus.

Im zweiten Schritt suchen Sie sich jemanden, der ungefähr zehn Meter weit weg von Ihnen ist. Winken Sie dieser Person so lange zu, bis diese Sie auch sieht. Genau, versuchen Sie den Blickkontakt auf sich zu lenken. Dann müssen Sie vielleicht auch ein bisschen was rufen, ‚Hallo', ‚Schönen guten Tag'. Genau.

Und als Letztes darf ich Sie bitten, sich eine Person auszusuchen, die möglichst weit weg von Ihnen ist und dieser Person zuzuwinken und sie auf sich aufmerksam zu machen, los geht's.

Herzlichen Dank, vielen Dank, jetzt wissen wir, wer so alles da ist und wie laut Sie sein können und Sie dürfen wieder Platz nehmen."

Technische Hinweise

- **Vortragssetting**: Geht etwas besser, wenn die Zuschauer stehen können.
- **Zeitpunkt:** Beginn
- **Publikumsbeteiligung:** Alle
- **Spielhaltung**: Einladend/Hohe Energie
- **Dauer**: 4 Minuten
- **Inspiration:** Gaston Florin

Was geht?!

Ziel

Die Teilnehmer können ankommen und sich mit neuem Blickwinkel kennenlernen, der Umgang ist spielerisch.

Übungsbeschreibung

1. Runde: Fordern Sie Ihr Publikum auf, aufzustehen und ohne Blickkontakt im Raum herumzulaufen. Sagen Sie nach einer Minute „Stopp".

2. Runde: *„Gehen Sie bitte weiter im Raum umher, aber schauen Sie bitte die Menschen, die Ihnen begegnen dabei an."* Sagen Sie wieder nach einer Minute „Stopp".

3. Runde: *„Gehen Sie bitte weiter im Raum umher und stellen Sie sich möglichst vielen Personen vor. Sie können ‚Hallo, mein Name ist …' oder ‚Grüß Gott, ich bin der Schorsch' oder ‚Moin, moin' oder jede Begrüßung, die Sie möchten, verwenden."* Sagen Sie wieder nach einer Minute „Stopp".

4. Runde: *„Gehen Sie bitte weiter im Raum umher, aber jetzt fühlen Sie sich bitte wie 20 und stellen Sie sich möglichst vielen Personen mit ‚Was geht?!' vor. Gehen Sie wie mit 20, reden Sie wie mit 20, bewegen Sie sich wie mit 20."* Sagen Sie wieder nach einer Minute *„Stopp. Danke."*

Variation

- **Variation 1:** Statt nach einer Minute „Stopp" zu sagen, können Sie auch ein Klangsignal verwenden, wie eine Hupe, eine Klingel, einen Buzzer, eine Klangschale, eine Zimbel usw.

- **Variation 2:** In der vierten Runde können sich die Teilnehmer auch wie mit 40, 60 oder 80 Jahren fühlen und begrüßen.

Technische Hinweise

- **Vortragssetting:** Stehen und herumlaufen
- **Zeitpunkt:** Start
- **Publikumsbeteiligung:** Alle
- **Spielhaltung:** Spielerisch
- **Dauer**: 5 Minuten
- **Inspiration:** Die Grundidee stammt von Nikolaus Rohr. Rohr, Nikolaus (2015): Warming up. In: Axel Rachow (Hrsg.) Spielbar II. managerSeminare Verlag, Bonn.
- https://www.managerseminare.de/Trainerkoffer_Tools/Trainingsspiel-Warming-up,162496

Stille-Post-Begrüßung

Das Flüstern und dann das laute „**Danke**" gibt eine ganz besondere Atmosphäre im Raum.

Ziel

Die Teilnehmer werden begrüßt und lernen sich auf ungewöhnliche Weise kennen. Sie werden humorvoll aktiviert.

Übungsbeschreibung

„Viele von Ihnen kennen wahrscheinlich noch das Spiel ‚Stille Post'. Einer flüstert dem anderen etwas ins Ohr und das, was am Anfang gesagt wurde, kommt meistens am Schluss ganz anders heraus.

Wir benutzen heute diese herrlichen Sitzreihen für die ‚Stille-Post-Begrüßung'. In jeder Sitzreihe beginnt die Person ganz rechts außen", zeigen Sie dabei unbedingt in die Richtung.

„Sie flüstern bitte der nächsten Person eine Begrüßung ins Ohr. Das kann ein ‚Moin, moin' oder ein ‚Guten Tag' oder ein ‚Grüß Gott' sein. Es kann aber auch ein wenig ausführlicher sein, zum Beispiel: ‚Ist das schön, dass Sie da sind. Toll, dass Sie sich die Zeit genommen haben, also dann herzlich willkommen.'

Die Begrüßung wandert auf diese Weise durch die gesamte Reihe und wenn der Satz bei der letzten Person in der Reihe angekommen ist, springen oder stehen Sie" – zeigen Sie unbedingt in die Richtung – *„auf und rufen Sie ‚Danke'. Los geht's."*

Technische Hinweise

- **Vortragssetting:** Sehr gut bei fester Bestuhlung geeignet
- **Zeitpunkt:** Start
- **Publikumsbeteiligung**: Alle
- **Spielhaltung**: Spielerisch
- **Dauer:** 3–5 Minuten

Kennenlern-Bingo

Ziel

Es wird nach Ähnlichkeiten und Unterschieden sortiert. Dabei lernen die Teilnehmer sich besser kennen und es wird auch bei einer sehr großen Gruppe ein Gemeinschaftsgefühl geschaffen.

Übungsbeschreibung

Erklären Sie zuerst die Bingo-Spielregeln: *„Jede Bingo-Karte hat vier Zeilen und vier Spalten, also insgesamt 16 Kästchen. Wer vier Kästchen in einer Reihe ausgefüllt hat, zum Beispiel waagrecht, senkrecht oder schräg – ruft laut ‚Bingo' und setzt sich bitte.*

Gehen Sie jetzt im Raum herum und finden Sie jemanden, der zum Beispiel … ein Haustier hat. Haben Sie eine Person gefunden, dann lassen Sie sie in dem entsprechenden Kästchen unterschreiben.

Ziel des Spiels ist das Kennenlernen, es dürfen also gerne zwei Sätze mehr sein, auch wenn man schon die Unterschrift hat. Und los geht's."

Technische Hinweise

- **Material:** Bingo-Karten für jeden Teilnehmer finden Sie in den Downloadressourcen zu diesem Buch.
- **Vortragssetting:** Sich frei im Raum zu bewegen, muss möglich sein.
- **Vorbereitung**: Bei der Vorbereitung der Bingo-Karten verwenden Sie bitte etwas dickeres Papier, damit man gut unterschreiben kann. Stifte für die Teilnehmer bereitlegen
- **Zeitpunkt**: Start
- **Publikumsbeteiligung**: Alle
- **Spielhaltung:** Ruhig/Klare Ansage
- **Dauer**: 10 Minuten

Ein Bingo kann sich zum Beispiel senkrecht ...

... eine Sprache spricht, die Sie überhaupt nicht sprechen:	**... ein Haustier hat:**	... die gleiche Augenfarbe hat wie Sie:	... das gleiche Lieblingsessen hat wie Sie:
... mindestens ein Jahr im Ausland gelebt hat:	**... im gleichen Jahr geboren wurde wie Sie:**	... eine andere Staatsangehörigkeit hat:	... im gleichen Monat Geburtstag hat wie Sie:
... den gleichen Lieblingsfilm hat wie Sie:	**... etwas Handgemachtes trägt:**	... ein Musikinstrument spielt:	... eine Sportart betreibt, die Sie nicht betreiben:
... gleich lange in der Firma arbeitet wie Sie:	**... Kinder hat:**	... in einem Land war, in dem Sie noch nie waren:	... keinen Fernseher hat:

... eine Sprache spricht, die Sie überhaupt nicht sprechen:	... ein Haustier hat:	... die gleiche Augenfarbe hat wie Sie:	... das gleiche Lieblingsessen hat wie Sie:
... mindestens ein Jahr im Ausland gelebt hat:	**... im gleichen Jahr geboren wurde wie Sie:**	... eine andere Staatsangehörigkeit hat:	... im gleichen Monat Geburtstag hat wie Sie:
... den gleichen Lieblingsfilm hat wie Sie:	... etwas Handgemachtes trägt:	**... ein Musikinstrument spielt:**	... eine Sportart betreibt, die Sie nicht betreiben:
... gleich lange in der Firma arbeitet wie Sie:	... Kinder hat:	... in einem Land war, in dem Sie noch nie waren:	**... keinen Fernseher hat:**

... oder schräg ergeben.

Sit down

Ziel

Das Publikum wird aktiviert, gleichzeitig kann thematisch an Inhalte angeknüpft werden. Die Zuschauer werden inhaltlich beteiligt und für eine nächste Übung können Freiwillige ermittelt werden.

Übungsbeschreibung

Nach einer Übung, bei der die Leute bereits stehen, kann „Sit down" benutzt werden, um eine Abfrage zu starten. Sonst lässt man alle Zuschauer zunächst aufstehen.

„Alle Menschen, die heute mit dem Auto hierher gekommen sind, setzen sich bitte hin. Alle Menschen, die jetzt noch stehen, die aber mit dem Fahrrad gekommen sind, setzen sich bitte hin."

Das heißt, alle die mit einem anderen Verkehrsmittel gekommen sind, wie Taxi oder Flugzeug setzen sich hin. Dann bleiben die Fußgänger übrig, die nun als Gruppe oder als Person angesprochen werden können.

So was lässt sich natürlich auch einzeln inszenieren. Das heißt, man lässt das ganze Publikum aufstehen und stellt Fragen, die zum nächsten Themenschwerpunkt gut passen. Damit fragt man ab, wer schon was erlebt hat und wer welche Erfahrungen hat. Dadurch sehen die Leute und Sie auf der Bühne, wie das Publikum zusammengesetzt ist. Danach kann man noch in Gespräche gehen oder von den Leuten, die stehen geblieben sind, einen freiwilligen Zuschauer auswählen und auf die Bühne holen.

Technische Hinweise

- **Vortragssetting**: Stehen und sitzen
- **Zeitpunkt:** Eignet sich nach einer Übung, bei der schon alle stehen
- **Publikumsbeteiligung**: Alle
- **Spielhaltung**: Einladend/Klare Ansage
- **Dauer**: 3 Minuten

Die Landkarte im Raum

Ziel

Die Landkarte im Raum ist eine kurze, auflockernde und kreative Austauschmöglichkeit, die Teilnehmer können sich neu wahrnehmen. Dadurch lernen sie sich zum ersten kennen und können zum zweiten bei Bedarf anhand der Methode auch gut in Gruppen aufgeteilt werden.

Übungsbeschreibung

Der Raum sollte groß genug sein, dass sich alle Teilnehmer im Raum verteilen können.

„Bitte stehen Sie auf. Vielen Dank. Stellen Sie sich vor, unser Raum hier ist eine große Deutschlandkarte. Wo wohnen Sie?

Dort oben, an der Stirnseite, ist der hohe Norden, z.B. Schleswig, Husum, Kiel.

Ganz unten, wo ich gerade stehe, ist der wilde Süden von Deutschland, z.B. Garmisch-Partenkirchen oder östlich davon ganz im Süden Bad Reichenhall und weiter westlich von Garmisch der Bodensee.

Der Westen Deutschlands ist diese Seite der Wand, da liegt z.B. Bonn weiter oben, darunter im Westen Saarbrücken und darunter Karlsruhe. Und die Wand gegenüber ist der Osten Deutschlands, z.B. Frankfurt an der Oder oder Cottbus.

Bitte verteilen Sie sich jetzt auf unserer Deutschlandkarte im Raum.“ Fragen Sie das Ergebnis kurz ab.

Variation

- Der Raum ist eine große Landkarte von Europa.
- Die Arbeitsorte werden auf der Deutschlandkarte im Raum gesucht.
- Kommen alle Teilnehmer aus einem Unternehmen, das ein größeres Betriebsgelände hat, stellen sich die Teilnehmer an den Ort, wo ihr Arbeitsplatz ist.

Technische Hinweise

- **Vortragssetting**: Stehen, es muss freier Platz im Raum vorhanden sein.
- **Zeitpunkt:** Start
- **Publikumsbeteiligung**: Alle
- **Spielhaltung**: Spielerisch
- **Dauer**: 5–10 Minuten
- **Inspiration:** Die Grundidee stammt vom Soziogramm.

Raum-Reihe

Ziel

Diese kurze und kreative Austauschmöglichkeit für die Teilnehmer eignet sich sehr gut zum Kennenlernen.

Übungsbeschreibung

Der Raum sollte groß genug sein, dass sich alle Teilnehmer in einer Reihe aufstellen können. Im Idealfall ist die Reihe eine gerade Linie. Wenn der Raum dafür zu klein ist, wird aus der Linie schon einmal eine Kurve, die sich quer durch den Raum biegt.

„Bitte stellen Sie sich jetzt in einer Reihe auf und sortieren Sie sich nach den Anfangsbuchstaben Ihrer Vornamen. Hier links vorne beginnt die Reihe mit ‚A' und dort hinten rechts wäre dann ‚Z'."

Mögliche Sortierkriterien sind:

- Nachnamen, sortiert von A–Z
- Vornamen, sortiert von A–Z
- Lieblings-Gericht, sortiert von A–Z
- Lieblings-Getränk, sortiert von A–Z
- Lieblings-Süßigkeit, sortiert von A–Z
- Lieblings-Stadt, sortiert von A–Z
- Geburtsdatum (Tag und Monat) im Jahreslauf
- Alter
- Anzahl Berufsjahre
- Größe
- Schuhgröße
- Postleitzahl des Heimatortes
- Anreiseweg in Minuten
- Anreiseweg in Kilometer
- Anzahl Telefonate pro Tag

Fragen Sie das Ergebnis kurz ab. Bei einer sehr langen Reihe wählen Sie zur Ergebnisabfrage ein paar Teilnehmer aus. Zum Beispiel die, die am Anfang, am Schluss und in der Mitte stehen. Anschließend wird die Reihe nach einem anderen Merkmal umgebildet.

Technische Hinweise

- **Vortragssetting**: Es muss freier Platz im Raum vorhanden sein.
- **Zeitpunkt:** Start
- **Publikumsbeteiligung**: Alle
- **Spielhaltung**: Spielerisch
- **Dauer**: 5–10 Minuten
- **Inspiration:** Die Grundidee stammt aus dem Soziogramm.

Einteilung durch Auswahl

Ziel

Eine ungewöhnliche Gruppeneinteilung mit Publikumsbeteiligung. Das Suchen und Finden der Gegenstände bringt Bewegung in den Raum.

Übungsbeschreibung

Die Teilnehmer werden vor dem Vortrag, wenn sie den Raum betreten, aufgefordert, Gegenstände aus Körben zu nehmen. Diese stellen sich im Nachhinein als Gruppeneinteilung heraus. Zum Beispiel:

- Eingewickelte Bonbons in verschiedenen Farben
- Eingepackte Schokolade in verschiedenen Farben
- Nüsse ungeknackt in der Schale (Erdnuss, Walnuss, Haselnuss)
- Wasserflaschen mit kleinen Zeichen auf dem Etikett
- Zitate und Sprüche, die zum Vortrag passen, werden auf verschiedenfarbigem Karton gedruckt (DIN A6 oder DIN A7)
- Verschiedene kleine Spielzeugtiere (welche die Teilnehmer dann ihren Kindern daheim mitbringen können). Sie haben dann auch gleich die Gruppennamen, z.B. die Elefanten, die Hirsche usw.
- Radiergummis in verschiedenen Farben oder Formen
- Kugelschreiber in verschiedenen Farben

Damit die Gruppeneinteilung mit dem Material funktioniert, müssen in den Körben oder auf den Tischen die Gegenstände abgezählt sein. Hilfreich ist es, wenn jemand danebensteht und darauf achtet, dass auch wirklich jeder einen Gegenstand mitnimmt, bzw. nicht mehr als einen mitnimmt.

Variation

Eine andere Möglichkeit, die vorher vorbereitet werden muss, ist, unter den Stühlen oder Tischen Gegenstände anzubringen, mit doppelseitigem Klebeband oder Tesakrepp.

- Briefumschläge mit den Aufgabenbeschreibungen,
- Zettel mit der Gruppeneinteilung
- … was auch immer Sie zur Aufgabenstellung und Gruppeneinteilung unter einen Stuhl oder Tisch kleben können.

Technische Hinweise

- **Material**: Was Sie zur Gruppeneinteilung verwenden wollen.
- **Vortragssetting**: Beim Betreten des Raums
- **Vorbereitung:** Je nach Publikumsgröße und Vorgehen ist die Vorbereitung sehr aufwendig. Es werden Helfer für das Verteilen der Gegenstände gebraucht.
- **Zeitpunkt:** Vor der Veranstaltung
- **Publikumsbeteiligung:** Alle
- **Dauer:** Das Suchen und Finden dauert etwa 2 Minuten.

Wenn Sie diese Methode bei Ihrem Publikum ein paarmal zu viel angewandt haben, dann könnte folgender Kommentar beim Anblick der Bonbons kommen: „Oh, Mann, wir machen wieder Gruppenarbeit.“ Dann ist es an der Zeit, beim nächsten Mal eine andere Methode zu verwenden.

Ab in die Ecke

Ziel

Eine kurze und kreative Kennenlern- und Austauschmöglichkeit. „Ab in die Ecke" ist eine Gruppeneinteilung mit nützlichen Infos über die Gesamtgruppe.

Übungsbeschreibung

Der Raum sollte groß genug sein, dass sich alle Teilnehmer in die vier Ecken stellen können.

„Bitte stehen Sie auf, danke schön. Ich gebe Ihnen gleich vier Begriffe. Jede Ecke dieses Raums bekommt einen Begriff und Sie gehen bitte in die Ecke, die Sie am ehesten anspricht. Und los geht's!"

Mögliche Sortierkriterien für die vier Raumecken sind:

- Augenfarbe: Blau – Braun – Grün – ich hab keine Ahnung
- Vier Elemente: Feuer – Wasser – Erde – Luft
- Wald – Wiese –Strand – Berge
- Kopf – Bauch – Herz – da ist noch mehr
- Pfeffer – Salz – Paprika – Curry
- VW – Fiat – Opel – Ford
- Metropole – Großstadt – Kleinstadt – Dorf
- Vollmilch – Zartbitter – Nuss – weiße Schokolade
- Asterix – Peanuts – Lucky Luke – South Park
- Batman – Superman – Spiderman – Wonder Woman
- Big Bang Theory – Game of Thrones – House of Cards – Simpsons

Je nach Gruppengröße und verfügbarer Zeit können Sie den Teilnehmern in ihren Ecken Zeit zum Austausch darüber geben, warum sie diese Ecke gewählt haben. Danach können vier weitere Begriffe genannt werden und die Teilnehmer sortieren sich erneut.

Variation

Statt Begriffe zu verwenden, können Sie auch vier Thesen zu Ihrem Thema formulieren. Das ist sehr gut für einen kurzen Meinungsaustausch geeignet.

Technische Hinweise

- **Vortragssetting:** Stehen, es muss Platz für Bewegung sein.
- **Zeitpunkt:** Start
- **Publikumsbeteiligung:** Alle
- **Spielhaltung:** Spielerisch/Klare Ansage
- **Dauer:** 5–10 Minuten
- **Inspiration:** Die Grundidee stammt aus dem Soziogramm.

Zeig her Deine Schuhe

Ziel

Eine ungewöhnliche Zweier-Gruppenfindung und eine leichte Aktivierung.

Übungsbeschreibung

„Bitte stehen Sie auf. Danke schön. Und laufen Sie bitte jetzt mit gesenktem Kopf im Raum herum. Los geht's …

Und während Sie herumlaufen, schauen Sie sich dabei die Schuhe der anderen Personen an. Sehr gut, gehen Sie einfach immer weiter und betrachten Sie die Schuhe. Manche von Ihnen wünschen sich vielleicht jetzt einen sehr schnellen Schuhputzautomaten, aber egal wie die Schuhe aussehen, schauen Sie sich die Schuhe mit aufrichtigem Interesse an.

Noch ein bisschen … Und wenn ich ‚Stopp!' sage, dann suchen Sie sich ein Paar Schuhe aus, die Sie interessieren und bleiben bei dieser Person stehen. Meine Hoffnung ist, dass die ausgesuchte Person Ihre Schuhe dann auch interessant findet.

Oh wie praktisch, wir brauchen für die nächste Übung eine Zweiergruppe, das passt ja hervorragend. Danke!"

Variation

Sie können während des Herumlaufens auch im Hintergrund Musik spielen. Die Dauer des Lieds sollte mindestens zwei Minuten und max. drei Minuten sein. Am besten eignen sich schwungvolle Songs. Probieren Sie es vorher selbst einmal aus und gehen Sie zu dem Lied im Raum herum, dann merken Sie schnell, ob der Rhythmus und die Geschwindigkeit passen. Gerne nehme ich zum Beispiel: „I'm walking".

Technische Hinweise

- **Vortragssetting:** Stehen und im Raum herumlaufen
- **Vorbereitung:** Gegebenenfalls das Abspielen von Musik vorbereiten
- **Zeitpunkt:** Immer
- **Publikumsbeteiligung:** Alle
- **Spielhaltung:** Spielerisch
- **Dauer:** 3 Minuten
- **Inspiration:** Zum ersten Mal erlebt beim Suggestopädiekongress in Leipzig

Hands up mit Requisiten

Ziel

Die Zuschauerabfrage aktiviert das Publikum und beteiligt es inhaltlich. Variationen sind gerade bei einem kongress- oder vortragserfahrenen Publikum sehr hilfreich.

Übungsbeschreibung

„Wer hat denn Kinder? Bitte heben Sie jetzt die Hand. Gegenfrage – wer hat keine Kinder? Bitte heben Sie jetzt die Hand. Spannend, da bleiben immer ein paar übrig?“

Den Klassiker, den jeder kennt, kann man gut mit Gegenständen variieren, die hochgehalten werden, zum Beispiel:

- DIN-A4-Blätter aus stärkerem Papier mit dem Daumen-hoch-Zeichen („Gefällt mir“).
- DIN-A4-Blätter aus stärkerem Papier, bedruckt mit einer tatsächlichen Hand auf der Vorder- und Rückseite.
- Künstliche Hände aus dem Scherzartikel- oder Karnevalsbedarf.
- Aufgeblasene Ballons hochhalten. Einen grünen für „Ja“ und einen roten für „Nein“.
- Gegenstände, die zu Ihrem Vortragsthema passen. Zum Beispiel: Für einen Kunden, dessen Mitarbeiter öfter auf Baustellen unterwegs sind, habe ich weiße Bauhelme für jeden Teilnehmer besorgt. Die weißen Bauhelme standen für „Ja“.
- Gegenstände, die ein Give-away für das Publikum sind.
- Und wenn Sie einen guten Draht zum Veranstalter haben, dann fordern Sie

Ihr Publikum auf, ein normales Blatt zusammenzuknüllen und bei „Ja" auf die Bühne zu werfen.

Variation

Beim klassischen „Heben Sie Ihre Hand" lässt sich Zustimmung auch weiter differenzieren:

„Sind Kaninchen niedlich? – Wenn Sie so halb dafür sind, dann geht die Hand auch nur halb hoch, so auf Gesichtshöhe. Wenn sie ordentlich dafür sind, dann geht sie richtig hoch und wenn Sie richtig, richtig dafür sind, also richtig volle Kanne, dann schnipsen Sie und melden Sie sich wie früher die Schüler, wenn sie so richtig mal was wussten."

Das muss man natürlich vorher ein bisschen einführen.

Technische Hinweise

- **Material**: Gegebenenfalls Gegenstände zum Hochhalten
- **Vortragssetting**: Stehen oder Sitzen
- **Vorbereitung:** Material für die Abfrage vorbereiten und verteilen
- **Zeitpunkt:** Zum Start anmoderieren – dann nach Bedarf nutzen
- **Publikumsbeteiligung:** Alle
- **Spielhaltung:** Klare Ansage/Einladend/Spielerisch
- **Dauer:** 2 Minuten

Stand up for your Opinion

Ziel

Das Publikum wird inhaltlich beteiligt. Übungsbeschreibung und Anmoderation: Will man wissen, was das Publikum denkt und soll es auch inhaltlich beteiligt werden, dann lautet der Klassiker „Wer dafür ist, Hand hoch". Eine Variation ist es, die Leute aufstehen zu lassen. Das ist etwas weniger niederschwellig, aber bei essenziellen Themen durchaus praktikabel.

„Im folgenden Vortrag möchte ich immer wieder auch Ihre Meinung erfahren. Wenn Sie also meine Frage mit Ja beantworten, dann darf ich Sie bitten, aufzustehen und auch einen Moment stehen zu bleiben. Kurzer Test: Sind Sie der Meinung, dass Käse köstlich ist? Gegenprobe! Wer ist der Meinung, dass Käse alles andere als köstlich ist? Perfekt! Vielen Dank!"

Man kann die stehenden Menschen unter Umständen auch kurz zum Thema interviewen.

Variation

Wer noch einen Schritt weiter gehen will, kann die Leute auch auf ihrem Stuhl stehen lassen – wenn die Stühle das erlauben. Möglich ist vielleicht sogar das Stehen auf dem Tisch (bitte unbedingt vorher die Stabilität und Empfindlichkeit der Stühle und Tische prüfen). Das gibt schöne Fotos.

Technische Hinweise

- **Vortragssetting**: Die Teilnehmer müssen Platz zum Sitzen und zum Stehen haben.
- **Zeitpunkt:** Beginn – dann jederzeit
- **Publikumsbeteiligung:** Alle
- **Spielhaltung:** Klar
- **Dauer:** 3 Minuten
- **Inspiration:** Martin Luther King, Mahatma Ghandi und der Film „Club der toten Dichter"

Abfrage mit Erleuchtung

Ziel

Bei dieser Frage-und-Antwort-Abklärung werden Spaß und Inhaltsklärung kombiniert.

Übungsbeschreibung

„Liebe Leut', sehr verehrte Damen und Herren, ich habe verschiedene Fragen an Sie. Aber bevor wir zu den anderen Fragen kommen, komme ich gleich zur allerwichtigsten Frage: Wer hat denn alles ein Smartphone mit Taschenlampenfunktion dabei? Holen Sie's doch bitte raus und erleuchten Sie mich. Danke schön!

Alle Menschen hier im Raum, die die nächsten Fragen mit ‚Ja' beantworten möchten, leuchten mit der Handytaschenlampe ihr Gesicht von unten an. ... Wahnsinn, sieht das toll aus.

Und alle die mit ‚Nein' antworten möchten, leuchten zu mir auf die Bühne. ... Danke, schon wieder eine Erleuchtung.

Kapiert? ... Jetzt hätten eigentlich alle ihr Gesicht anleuchten sollen."

Technische Hinweise

- **Material:** Die Teilnehmer sollten ein Smartphone mit Taschenlampenfunktion haben. Fragen Sie vorsichtshalber bei dieser Übung vorher die Altersstruktur ab.
- **Vortragssetting:** Diese Abfrage wirkt am besten in relativ dunklen Vortragsräumen.
- **Zeitpunkt:** Immer
- **Publikumsbeteiligung:** Alle
- **Spielhaltung:** Spielerisch
- **Dauer:** 2 Minuten

Ampelabfrage

Ziel

Eine Meinungsabfrage mit farbigen Karten.

Übungsbeschreibung

„Liebe Leut', sehr verehrte Damen und Herren, ich werde Sie ab und an um Ihre Meinung zu bestimmten Themen bitten. Dafür haben Sie auf Ihrem Platz eine rote und eine grüne Karte. Sollten Sie zustimmender Meinung sein, dann halten Sie bitte die grüne Karte hoch. Alles klar? ... Jetzt sollten Sie die grüne Karte für ein ‚Ja' hochhalten.

Lautet Ihre Antwort auf meine Frage, zum Beispiel ‚Macht Schokolade dick?', ganz klar ‚Nein', dann halten Sie bitte die rote Karte hoch. Noch mal die Frage: ‚Macht Schokolade dick?' Ihre roten Karten bitte. Hervorragend.

Ach ja und da liegt noch die gelbe Karte. Die verwenden Sie bitte, wenn Sie auf meine Frage kein ‚Ja', aber auch kein ‚Nein' antworten wollen. Also entweder ein glasklares ‚Sowohl als auch', ‚unentschieden' oder ein ‚Mir wurscht' oder ein ... “ – hier zucken Sie bitte mit den Schultern.

Technische Hinweise

- **Material**: Drei Karten für jeden Teilnehmer, zum Beispiel Moderationskarten in Grün, Rot und Gelb.
- **Vortragssetting**: Jedes
- **Vorbereitung**: Moderationskarten verteilen
- **Zeitpunkt:** Jederzeit
- **Publikumsbeteiligung:** Alle
- **Spielhaltung:** Spielerisch
- **Dauer:** 2 Minuten

Papierflieger

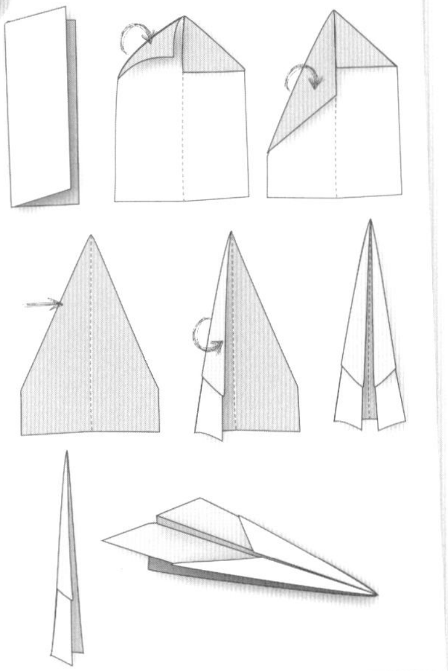

Ziel

Das Publikum wird inhaltlich beteiligt – stimmungsvoll und mit Vergnügen.

Übungsbeschreibung

Auf jedem Platz liegen mehrere Bögen weißes Papier. Das Publikum darf Papierflieger falten und diese dann fliegen lassen, wenn sie für „Ja“ stimmen. Stellt man dann eine Frage, fliegen einfach zwei Papierflieger oder hundert Papierflieger. Das macht richtig Spaß.

Variation

Auf jedem Platz liegen mehrere Bögen weißes Papier, welche die Leute in kleine Fetzen reißen und hochwerfen, wenn sie für „Ja“ stimmen. Bei Abfragen gibt es also kleine Schneeschauer oder einen richtigen Schneesturm – auf jeden Fall ein schönes Bild und viel Sauerei. Aber den Leuten macht es wahnsinnig viel Vergnügen und Spaß.

Technische Hinweise

- **Material:** 5–10 Papierbögen pro Teilnehmer. In den Downloadressourcen findet sich eine Anleitung zum Papierfliegerbau.
- **Vortragssetting:** Jedes
- **Vorbereitung:** Zuschauer mit Papier versorgen und den Hausmeister mit einer kleinen Aufmerksamkeit bestechen
- **Zeitpunkt:** Beginn – dann jederzeit
- **Publikumsbeteiligung:** Alle
- **Spielhaltung:** Klare Ansage/Spielerisch
- **Dauer:** 3 Minuten
- **Inspiration:** Gaston Florin

Fliegende Ballons

Ziel

Die Zuschauer werden inhaltlich mit ins Boot geholt.

Übungsbeschreibung

Jede Zuschauerin hat mehrere kleine Luftballons auf ihrem Platz. Wenn sie bei einer Abfrage mit ‚Ja' antworten will, dann lässt sie ihren Ballon fliegen. Wenn nicht, dann lässt sie einfach nur die Luft raus

„Sind Sie der Meinung, dass Eichhörnchen eine Nussecke nicht verschmähen würden?"

Das macht den Leuten viel Spaß, gibt ein bisschen Sauerei, die ist es aber wert.

Variation

Eine andere Option für den Einsatz von Luftballons ist, sie quietschen zu lassen. Das heißt, man pustet Luft rein und wenn man dann am Ausgang beim Nippel ein bisschen zieht, ergibt das einen quietschenden Ton. Den kann man auch als Zustimmung oder Ablehnung für eine Frage nutzen.

Technische Hinweise

- **Material:** Viele Luftballons
- **Vortragssetting:** Jedes
- **Vorbereitung:** Ballons auf die Plätze legen und eine Bestechung für den Hausmeister parat halten
- **Zeitpunkt:** Beginn – dann jederzeit
- **Publikumsbeteiligung:** Alle
- **Spielhaltung:** Einladend/Augenzwinkernd
- **Dauer:** 4 Minuten
- **Inspiration:** Kindheit

Ballon-Barometer

Ziel

Eine inhaltliche Abfrage, die Spaß macht.

Übungsbeschreibung

„Meine sehr verehrten Damen und Herren, Sie finden auf Ihren Plätzen große Luftballons, die nicht aufgepustet sind. Diese dienen als Stimmungsbarometer, wenn ich Ihnen Fragen stelle. Je mehr Sie den Ballon dann aufpusten, desto mehr stimmen Sie der Aussage zu. Je weniger, desto weniger stimmen Sie der Aussage zu.

Wir machen mal einen kleinen Test: ‚Kopfkissen gehören abgeschafft.' Je mehr Sie der Meinung sind, das sollte so sein, dann pusten Sie Luft in Ihre Luftballons hinein und wenn nicht, nicht. Schön.

Zweite Testphase: ‚Bäume sind etwas Wundervolles.' Ah, die Autofahrer halten sich zurück.

Sehr gut. Das heißt, auf diese Art und Weise können wir ein bisschen miteinander kommunizieren."

Variation

Entweder alle machen gleichzeitig mit (macht viel Spaß, ist aber ein bisschen unübersichtlich) oder die vier Kategorien werden separat abgefragt.

Technische Hinweise

- **Material:** Große Luftballons
- **Vortragssetting:** Jedes, Plätze sollten vorhanden sein.
- **Vorbereitung:** Ballons auf die Plätze legen
- **Zeitpunkt:** Beginn – dann jederzeit
- **Publikumsbeteiligung:** Alle
- **Spielhaltung:** Einladend/Augenzwinkernd
- **Dauer:** 4 Minuten

Hut-Abfrage

Ziel

Die Stimmung wird abgefragt.

Übungsbeschreibung

Diese Übung ist nicht für alle Veranstaltungen geeignet, aber in lockerer Atmosphäre kann man wirklich sehr viel Spaß haben.

Jeder Zuschauer hat ein Set verschiedenfarbiger Hüte. Jede Farbe steht für eine Aussage, zum Beispiel steht Grün für: „Ich komme gut mit.", „Bin genau dieser Meinung.", „Mir geht es prima." Gelb steht für: „Langsam werde ich müde.", oder „Ich verstehen etwas nicht so wirklich." Und Rot für: „Ich bin völlig dagegen.", „Jetzt brauche ich eine Pause.", „Ich bin unzufrieden!"

Hierbei sind noch mehr Differenzierungen möglich, mit anderen Farben, wie zum Beispiel Violett oder Hellblau. Diese Hüte kann man auch vorher aus großen Papierbögen falten lassen.

Variation

Statt Hüten können auch verschiedene Pappnasen verwendet werden.

Technische Hinweise

- **Material:** Verschiedenfarbige Hüte, Papierbögen oder Pappnasen
- **Vortragssetting:** Jedes
- **Vorbereitung:** Das Material austeilen oder bereitlegen, gegebenenfalls Hüte basteln
- **Zeitpunkt:** Beginn – dann jederzeit
- **Publikumsbeteiligung:** Alle
- **Spielhaltung:** Einladend/Spielerisch/Augenzwinkernd
- **Dauer:** 3 Minuten
- **Inspiration:** Walt Disney

Live-Säulendiagramme

Ziel

Das Publikum wird inhaltlich beteiligt und die Methode sorgt für Stimmung und Vergnügen.

Übungsbeschreibung

Sollen bestimmte Abwägungen getroffen werden oder will man ein Stimmungsbarometer des Publikums haben, funktioniert das gut mit dieser Methode. An die Enden der Reihen oder Tische werden Abfalleimer gestellt, die durchsichtig sind. Das können zum Beispiel Papiereimer aus Metallgeflecht sein, durch die man gut gucken kann.

Jede Teilnehmerin hat zum Beispiel rotes und weißes Papier, mit dem sie für Nein oder Ja stimmen kann. Bei Abfragen wird das entsprechende Papier geknüllt und in den Abfalleimer geworfen. Die Eimer spiegeln dann wie Säulendiagramme die Meinung zur Frage wieder.

Die Abfalleimer – oder auch Vasen oder Plexiglassäulen – kann man dann auch noch vorne auf die Bühne bringen lassen. So ist schnell und eindrücklich zu sehen, welche Tendenzen in der Gruppe vorherrschen.

Technische Hinweise

- **Material:** Rotes und weißes Papier, einsehbare Papierkörbe oder Behälter
- **Vortragssetting:** Jedes
- **Vorbereitung:** Das Publikum mit Papier und Papierkörben versorgen
- **Zeitpunkt:** Beginn – dann jederzeit
- **Publikumsbeteiligung:** Alle
- **Spielhaltung:** Klare Ansage/Einladend
- **Dauer:** 3 Minuten
- **Inspiration:** Gaston Florin

Sound-Abfrage

Ziel

Das Publikum wird aktiviert und beteiligt sich inhaltlich.

Übungsbeschreibung

Geräusche zur Stimmabgabe zu nutzen, macht Spaß. Dazu eignen sich zum Beispiel Muh-Dosen sehr gut oder eine Hupe für Nein und ein Glöckchen für Ja. Diese Geräuschmacher sind recht günstig. Aber auch ohne die wirklichen Gegenstände lässt sich die Abfrage natürlich durchführen, indem man einfach das jeweilige Geräusch imitieren lässt.

Vorher wird geübt: *„Klingeln Sie bitte jetzt Ihr Glöckchen, klingelingelingeling, und jetzt imitieren Sie mal ein Tröte oder eine Hupe, trööööt. Wer ist der Meinung, dass das so ist, bitte jetzt klingeln, und wer nicht der Meinung ist, dann bitte jetzt tröten."*

Technische Hinweise

- **Material:** Unter Umständen Glöckchen, Muh-Dosen oder kleine Hupen.
- **Vortragssetting:** Jedes
- **Vorbereitung:** Gegebenenfalls Instrumente verteilen
- **Zeitpunkt:** Beginn – dann jederzeit
- **Publikumsbeteiligung:** Alle
- **Spielhaltung:** Klare Ansage/Augenzwinkernd
- **Dauer:** 3 Minuten
- **Inspiration:** Keith Johnstone – The Life Game

Ja – Nöööö – Weiß nicht – Nein

Ziel

Die Zuschauer werden inhaltlich mit ins Boot geholt.

Übungsbeschreibung

„Im folgenden Vortrag werde ich immer mal wieder Ihre Meinung benötigen. Und dafür darf ich Sie Folgendes bitten zu tun. Wenn Sie nicht der Meinung sind, dann strecken Sie Ihre rechte Hand nach vorne, Handfläche nach vorne, so, als würden Sie zu jemand sagen: Stopp! Sagen Sie dabei laut und deutlich ‚Nein'. Wir proben das mal bei drei. Eins, zwei, drei, ‚Nein'.

Wenn Sie sich nicht so ganz sicher sind, aber eher zu ‚Nein' tendieren, dann darf ich Sie bitten, eine Hand nach vorne zu strecken und mit der Hand zu wackeln. Machen Sie ruhig schon mal mit, gut so, und Sie sagen dabei so ein zögerliches ‚Mmhmm-nöö', also relativ hoch, ‚Mmhmmnöö'. Okay?

Wenn Sie eher zum ‚Ja' tendieren, aber nicht hundertprozentig, dann machen Sie so eine abwägende Geste mit beiden Händen. Das ist der Ton dafür: ‚Jiiieaaaa'. Das ist so ein, wir machen das mal zusammen, Jiiieaaaa.

Und wenn Sie ganz klar der Meinung sind, ‚Ja, so ist es!', dann reißen Sie beide Arme nach oben und rufen laut und deutlich: ‚Ja!' Bei drei zusammen, eins, zwei, drei, ‚Ja'.

Gut, das testen wir doch mal ganz kurz. Wer ist der Meinung, Autos sollten abgeschafft werden? Aha. Wer ist der Meinung, Schokoladenpudding gehört einmal die Woche auf den Tisch? Mhm, hervorragend.

Wer ist der Meinung, Stühle sind eine gute Erfindung? Hervorragend. Dann wissen wir jetzt ungefähr, wie das funktioniert, und ich freue mich auf den Vortrag."

Variation

Entweder alle machen gleichzeitig mit (das gibt viel Spaß, ist aber ein bisschen unübersichtlich) oder die vier Kategorien werden separat abgefragt.

Technische Hinweise

- **Vortragssetting:** Jedes
- **Zeitpunkt:** Beginn – dann jederzeit
- **Publikumsbeteiligung:** Alle
- **Spielhaltung:** Einladend/Verspielt
- **Dauer:** 4 Minuten
- **Inspiration:** Gaston Florin

Gesten-Abfrage

Ziel

Die Zuschauer beteiligen sich und haben Spaß.

Übungsbeschreibung

„Im Folgenden werde ich immer mal wieder Ihre Meinung einholen. Und damit das möglichst schnell geht und damit Sie möglichst viele Differenzierungsmöglichkeiten in der Antwort haben, machen wir das auf folgende Weise.

Wenn Sie der Meinung sind, ‚Boah, ja, genau so ist es!', oder ‚Das habe ich genauso schon mal erlebt!', dann werfen Sie einfach beide Arme hoch und rufen laut ‚Yes!'. Wir üben das mal bitte auf drei, eins, zwei, drei: ‚Yes!'.

Wenn Sie der Meinung sind, ‚Oh, ich weiß nicht', ‚Also das berührt mich, aber ich bin mir nicht ganz sicher', dann legen Sie einfach die Hand auf Ihr Herz und machen ‚Mmmmmmhhhh'. Auch das üben wir bei drei. Eins, zwei, drei: ‚Mmmmmmhhhh'. Perfekt.

Und wenn Sie der Meinung sind, ‚Nein, das ist für mich gar nicht zutreffend', dann nehmen Sie beide Hände vor das Gesicht, den Kopf in die Hände und sagen ‚Oh mein Gott!'.

Üben wir das mal gleich mit der ersten Frage – inwieweit ist das für Sie zutreffend: ‚Sie lieben Autos.' ‚Yes!' ‚Mmmmmmhhhh', ‚Oh mein Gott!' Hervorragend.

Kleiner Test! Was halten Sie von folgender Aussage: ‚Das Oktoberfest in München ist das tollste Event der Welt.' …

Hervorragend – wir sind bereit."

Technische Hinweise

- **Vortragssetting:** Jedes
- **Zeitpunkt:** Beginn – dann jederzeit
- **Publikumsbeteiligung:** Alle
- **Spielhaltung:** Hohe Energie/Klare Ansage
- **Dauer:** 5 Minuten
- **Inspiration:** Gaston Florin

Abfrage mit Summen

Ziel

Die Meinung des Publikums wird hörbar gemacht.

Übungsbeschreibung

„Liebe Leut', sehr verehrte Damen und Herren, ich brauche Ihr ‚Ja' oder ‚Nein'. Sie kennen das ja sonst mit dem Handheben, heute versuchen wir mal zusammen eine leise musikalische Variante.

Wenn Sie auf meine Frage antworten wollen, zum Beispiel ‚Wer hat Kinder?', dann summen Sie bitte. Wir machen einen Probedurchlauf. ‚Wer hat Kinder?' Summen Sie jetzt …

Oh danke schön, so viele. Gegenfrage: ‚Wer hat keine Kinder?' Auf wen das zutrifft, der summt jetzt … Danke schön, hervorragend."

Technische Hinweise

- **Vortragssetting:** Jedes
- **Zeitpunkt:** Jederzeit
- **Publikumsbeteiligung:** Alle
- **Spielhaltung:** Spielerisch
- **Dauer:** 2 Minuten
- **Inspiration:** Ludwig Bernhard

Tierstimmen-Abfrage

Ziel

Die Meinung des Publikums wird abgefragt.

Übungsbeschreibung

Tierstimmen lassen sich bestens dafür verwenden, das Publikum zu befragen. Bestimmte Tierstimmen, zum Beispiel das Zischen einer Schlange, das Schreien eines Affen, das Brüllen eines Löwen, stehen für „Ja“, „Nein“ oder „Vielleicht“. Dann sind die Affen dagegen, die Löwen sind dafür und die Schlangen wissen nicht so recht.

Man übt vorher die Tierstimmen mit den Zuschauern und testet mit Fragen wie: *„Wer ist der Meinung, dass Wohnzimmer einen Fernseher benötigen?“* Oder: *„Wer möchte mal ein Bad mit Fischen in der Wanne nehmen?“*

Ob dieser Ansatz funktioniert, hängt ein bisschen vom Publikum ab. Es hängt aber auch von Ihrer Persönlichkeit ab, davon, inwieweit Sie Spaß daran haben, Leute zu verrückten Sachen zu bringen.

Technische Hinweise

- **Vortragssetting:** Jedes
- **Zeitpunkt:** Beginn – dann jederzeit
- **Publikumsbeteiligung:** Alle
- **Spielhaltung:** Augenzwinkernd/Hohe Energie
- **Dauer:** 3 Minuten
- **Inspiration:** Gaston Florin
- **Video:** Das Video zur Übung finden Sie unter den Downloadressourcen. Sie können über den Link zugreifen, der auf S. 6 angegeben ist.

Applausstufen

Ziel

Energiesteigerung durch Applaus.

Übungsbeschreibung

Das Urgestein der Zuschaueranimation: *„Meine sehr verehrten Damen und Herren, herzlich willkommen! Bevor es so richtig losgeht, machen wir noch so einen kleinen, ja, Test. Denn oft weiß man ja im Zuschauerraum gar nicht so genau, was man darf, was nicht. Und genau dafür machen wir jetzt eine kleine Probe. Ich darf Sie mal um einen kleinen Probe-Applaus bitten, so was ganz Freundliches … ach, gut.*

Sie merken schon, was Sie jetzt gemacht haben, das nennen wir im Fachjargon Applausstufe 1. Da kommt es zu vereinzeltem Klatschen. Das Publikum denkt sich ‚Ach ja'. Jetzt gibt es aber nicht nur Applausstufe 1, es gibt auch Applausstufe 2. Da klatscht man schon ein bisschen mehr. Der eine oder andere fängt unter Umständen schon an, mit den Füßen zu trampeln und vereinzelt kommt es zu ersten Juhu-Rufen. Wir üben das auch mal. Darf ich Sie um Applausstufe 2 bitten, und zwar bitte ganz genau jetzt … Sehr, sehr gut.

Jetzt ahnen es die Logiker bereits, wenn es Applausstufe 1 gibt und es gibt Applausstufe 2, dann kann Applausstufe 3 nicht weit sein. Und da dürfen Sie jetzt alles machen, was Sie wollen. Sie dürfen klatschen, Sie dürfen trampeln, Sie dürfen schreien, Sie dürfen kleine Kinder in die Luft schmeißen – ja also, solange Sie sie wieder auffangen. Hauptsache es macht Lärm. Sie sind bereit? Bei drei bitte, eins, zwei, drei …

Oh, noch ein bisschen mehr, noch ein bisschen mehr, noch ein bisschen mehr. Hervorragend.

Dann darf ich Sie, meine sehr verehrten Damen und Herren bitten, für den heutigen Tag, für den heutigen Abend die Applausstufen 1 und 2 aus Ihrem Gedächtnis zu streichen und nur noch mit Applausstufe 3 den nächsten Redner hier auf der Bühne zu begrüßen. Das ist für Sie ...“

Technische Hinweise

- **Vortragssetting:** Jedes
- **Zeitpunkt:** Zu Beginn
- **Publikumsbeteiligung:** Alle
- **Spielhaltung:** Hohe Energie/Einladend
- **Dauer:** 3 Minuten
- **Inspiration:** Showbusiness

Länderapplaus

Eine sehr lustige und sehr feine Möglichkeit, das Publikum auf immer wieder neue Arten und Weisen zu aktivieren.

Ziel

Die Zuschauer werden zum Klatschen motiviert, die Methode erhöht Beteiligung und Energie. Der Länderapplaus kann Stereotype lustvoll bewusst machen.

Übungsbeschreibung

Ein „Länderapplaus“ erlaubt viele Variationen. Zum Beispiel „Amerika“. Dabei kann man die Männer dazu auffordern, laut „Jiiiihaaa!“ zu rufen. Und die Frauen werden zu einem möglichst spitzen und schrillen „Oh my God!“ aufgefordert.

Zu einem italienischen Applaus kann man zum Beispiel „Mamma Mia!“ rufen oder „Da capo“ oder auch einfach mal ein italienisches Gericht. Zu einem spanischen Applaus sollte ein kraftvolles „Olé“ gehören.

Das ist eine Möglichkeit, den Applaus einzufärben. Man kann dabei auch die länderspezifischen Klischees mal so richtig auskosten und nutzen, vielleicht sogar bewusst machen. Dabei muss man natürlich aufpassen, dass es nicht herabwertend oder diskriminierend wird.

Technische Hinweise

- **Vortragssetting:** Jedes
- **Zeitpunkt:** Jederzeit
- **Publikumsbeteiligung:** Alle
- **Spielhaltung:** Hohe Energie/Augenzwinkernd
- **Dauer:** 3 Minuten
- **Inspiration:** Eine Methode, die von meinem Kollegen Helge Thun inspiriert ist.

Applausfarben

Ziel

Die Zuschauer werden zum Klatschen motiviert.

Übungsbeschreibung

Bestimmte Energiezustände im Publikum zu generieren, funktioniert gut über einen Vergleich mit Gewässer.

„Meine sehr verehrten Damen und Herren, stellen Sie sich vor, Sie wären die Niagarafälle, das heißt, ein wirklich grandioser, tosender Applaus. Darf ich mal um einen Niagara-Applaus bitten? Bitte jetzt. Hervorragend!

Im Gegensatz dazu jetzt mal ein Applaus wie ein Bergbach, energievoll, verspielt, ein bisschen auf- und abwellend. Darf ich Sie darum bitten, und zwar bitte jetzt.

Dann ein Applaus wie Ebbe und Flut. Ich dirigiere das mal, wenn ich mit den Händen hochgehe, ist es die Flut, wenn ich runtergehe, ist es Ebbe. Und dann wird der Applaus leiser und kleiner, wie das Wasser, das kommt und geht. Dann machen wir das mal.“

Durch Applaus in so einer Form gelangt man auf eine spielerische Ebene und formt eine Gruppe aus den Zuschauern.

Variation

Es gibt natürlich auch noch andere Metaphern und Farben: *„Applaus wie ein Vulkan. Sie beginnen unten an den Füßen und trampeln vorsichtig. Es fängt an zu grummeln. Sie fangen an zu klatschen. Und dann kommt die Eruption und Sie können tun, was Sie wollen, Sie können klatschen und kreischen und kleine Kinder in die Luft werfen.“*

Die Zuschauer können auch aufgefordert werden, Applaus zu geben wie bei einem klassischen Konzert, wie bei einer Dichterlesung oder wie bei einem Rockkonzert. Man kann auch alle möglichen anderen Wetterlagen als Inspiration für den Applaus nehmen, wie ein Gewitter, ein Tornado oder auch eine eisige Nacht in Sibirien.

Technische Hinweise

- **Vortragssetting:** Jedes
- **Zeitpunkt:** Beginn/Anmoderation
- **Publikumsbeteiligung:** Alle
- **Spielhaltung:** Klare Ansage/Augenzwinkernd/Einladend
- **Dauer:** 3–5 Minuten
- **Inspiration:** Gaston Florin

Business-Sinfonie

Ziel

Die Business-Sinfonie bringt Spaß, Beteiligung und Aktivierung.

Übungsbeschreibung

„Wenn man sich im Business umhört, gibt es bestimmte Reaktionsweisen, die man oft erlauschen kann. Wenn zum Beispiel der Chef kommt und es gibt eine Neuerung, dann ist eine erste Reaktion so ein erschrecktes ‚Hhhhh'. Da wird Luft in den Bauchraum eingesaugt, der Mund geht auf und die Augen werden groß. Wir machen das mal zusammen. Bei drei einfach Luft in den Bauchraum einsaugen, ‚Hhhhhh' machen und die Augen groß, eins, zwei, drei, ‚Hhhhhhh' – hervorragend.

Ist das Neue größer und wichtiger, dann kommt nach dem erschreckten ‚Hhhhhh' meistens das bekümmerte ‚Oh je, oh je, oh je, oh je, oh je, oh je, oh je, oh je'. Ich darf das auch mal von Ihnen einfordern. Und, eins, zwei, drei, ‚Oh je, oh je, oh je, oh je, oh je, oh je'" und abwinken. *„Danke!"*

„Dann kommt es immer wieder von einzelnen Solisten zu einem klaren und eindeutigen ‚Och nö'. Wir machen das mal bei drei alle zusammen, ‚eins, zwei, drei, ‚Och nö', hervorragend. Wenn ich auf einzelne von Ihnen deute, dann sagen Sie ‚Och nö'. Wir probieren mal: Sie – ‚Och nö' und Sie – ‚Och nö', und Sie ‚Och nö' und Sie – ‚Och nö' und Sie ‚Och nö'. Sehr gut.

Dann kommt es meistens zu einem Zustand, wo man sich so denkt: ‚Och, vielleicht gar nicht so schlecht.' Und der Sound dafür ist: ‚Ah okay' oder ‚Okidoki, okidoki, okidoki.' Wir machen das zweimal hintereinander: ‚Okidoki, okidoki'. Bei drei, eins, zwei, drei, ‚Okidoki, okidoki.' Hervorragend.

Wenn sich die Neuerung durchsetzt und tatsächlich funktioniert, dann macht sie auch Spaß. Da braucht es dann ganze Sätze, das ist entweder ‚Geile Meile' oder ‚Yes we can'. Also für die Englischsprachigen ‚Yes we can', für alle anderen ‚Geile Meile', ich überlasse es Ihnen. Bei drei so laut und enthusiastisch wie möglich, eins, zwei, drei, … ich wusste es, super.

Und aus diesen Tönen machen wir jetzt eine kleine Sinfonie. Dafür teile ich Sie in drei Gruppen ein. Sie sind für das ‚Hhhhh' und Sie für das ‚Oh je, oh je' zuständig. Also immer ‚Hhhhhh', ‚Oh je, oh je, oh je, oh je'. Perfekt. Wir machen mal einen kurzen Soundcheck, und …" zeigen … *„Oh je, oh je, oh je."* Dabei verhält man sich wie ein Dirigent.

„Sie von hier bis dort, ich teile immer streifenweise ein, Sie sind zuständig für das ‚Okidoki, okidoki', wir machen mal einen kurzen Soundcheck, Achtung, und: ‚Okidoki, okidoki.' Hervorragend.

Und Sie hier in der Mitte, Sie sind zuständig für das ‚Geile Meile' oder ‚Yes we can'. Eins, zwei, drei … genau so, gut. Und wenn ich jetzt auf Einzelne von Ihnen zeige, egal wo Sie sind, dann sagen Sie ‚Och nö, och nö, och nö, och nö'. Sehr schön.

Meine sehr verehrten Damen und Herren, hören Sie also jetzt die Business-Sinfonie, McKinsey-Verzeichnis 122, los geht's!"

Und dann wird dirigiert. Dabei gibt man immer wieder am Anfang den Ton an einzelne Gruppen, gibt auch einzeln das „Och, nöööö" an und kreiert dadurch einen lustigen Sound.

„So meine sehr verehrten Damen und Herren, vielen herzlichen Dank! Nach diesem Crescendo sind Sie gut vorbereitet auf diese Business-Konferenz und wissen jetzt, auf welche Art und Weise Sie mitunter ab und zu mal reagieren können, wenn der Chef was sagt. Denn der, der kommt jetzt und hier ist er für Sie mit einem riesigen Applaus …“

Technische Hinweise

- **Vortragssetting:** Jedes
- **Zeitpunkt:** Beginn
- **Publikumsbeteiligung:** Alle
- **Spielhaltung:** Klare Ansage/Augenzwinkernd/Wie ein Dirigent
- **Dauer:** 5–20 Minuten
- **Inspiration:** Gaston Florin

Halloween

Ziel

„Halloween" ist ein Energizer mit viel Vergnügen am Quatsch, der zur Gruppenformung beitragen kann.

Übungsbeschreibung

„Halloween ist ja nicht mehr weit, nur noch 8 Monate und 43 Tage. Und da haben wir uns überlegt, in diese Tagung so einen Hauch vom Halloweenflair einzubringen. Und dafür brauchen wir natürlich ein bisschen Atmosphäre, die wir in diese nüchterne Hotelhalle hineinzaubern.

Halloween, das ist Fest der Gespenster, Geister und Gruselgestalten, und ich darf Sie deswegen bitten, die Klassiker des Horrorgenres für mich zu machen. Als Erstes gibt es da immer einen unheimlich klingenden Wind, der so vor sich hinpfeift, so ‚Huuuuuuh'. Wenn Sie das bitte mal machen würden, eins, zwei, drei … ‚Huuuuuuh', sehr gut.

Dann gibt es natürlich auch immer Todesschreie! Vielleicht, wenn die Hälfte, der Tisch da drüben, die Hälfte da vorne, wenn Sie mal in panische, laute Todesschreie ausbrechen würden … ‚AAaaaahhh …' sehr überzeugend …

Und was haben wir noch? Dann gibt es natürlich auch noch das Gewitter. Wenn Sie also hier vorne mal den Donnerschlag und Sie den Blitz machen. Der Blitz ist ein ‚Zi zing'" und der Donnerschlag ist ein lautes ‚Wusch'…

Gut, also hier mal ‚Zi zing' – ‚Wusch' …". Super … darf ich noch mal den Todesschrei hören? … ‚AAaahhhh' …

Darf ich noch mal den Wind hören? ... ‚Huuuuuh'... Und dann braucht es natürlich eines unbedingt noch, es braucht ein Rudel Wölfe! Wenn Sie mal, der Tisch Nr. 37, wenn Sie mal das Rudel machen würden? Bei drei: eins, zwei, drei ... ‚Uuuuhhuuuuiuiu uuuuhuuu' ... Sehr gut!"

Nun eine Dirigentenhaltung einnehmen und die einzelnen Gruppen zum Klingen bringen.

„Sie wissen jetzt alle, was Sie zu tun haben. Dann darf ich jetzt mal den Wind haben. Und dann die Todesschreie, die Wölfe dazu und dann hier den Blitz ... und den Donner dazu. Danke."

Technische Hinweise

- **Vortragssetting**: Jedes
- **Zeitpunkt:** Beginn
- **Publikumsbeteiligung:** Alle
- **Spielhaltung:** Hohe Energie/Spielerisch/wie ein Dirigent
- **Dauer:** 6 Minuten
- **Inspiration:** Gaston Florin

Glas-Knobelei

Ziel

Eine aktive Pause mit niedrigschwelliger Publikumsbeteiligung, die zum Denken „Outside the Box" anregt.

Übungsbeschreibung

Barwetten eignen sich unglaublich gut als Running Gags. Sie sind perfekt, um die Leute kurz mal abzulenken, einen Moment lang woanders hinzuführen, sie dabei aber immer im kommunikativen Tun zu halten, um sie dann wieder zurück zum Hauptthema zu führen. Es kann später wieder auf die Barwette Bezug genommen werden, wie ein roter Faden, der die Leute immer wieder mit einbindet. Dabei geben Barwetten Gelegenheit, den Kopf freizuschalten und „Outside the Box" zu denken. Für das Finden einer Lösung kann ein kleiner Preis ausgesetzt werden.

Wenn der Saal sehr groß ist, ist es oft gut, eine Kameraübertragung für die Barwette zu nutzen. Dann kann man selbst sehr kleine Barwetten sehr groß spielen.

„Sie sehen hier sechs Gläser. Drei sind voll, drei sind leer, immer abwechselnd. Also Glas Nummer 1 ist leer, Glas Nummer 2 ist voll, Glas Nummer 3 ist leer, Glas Nummer 4 ist voll, Glas Nummer 5 ist leer, Glas Nummer 6 ist voll." Statt Gläsern kann man auch große gläserne Vasen oder Kuben benutzen, auf diese Weise wirkt die Barwette bühnenfüllender.

„Jetzt Ihre Aufgabe: Sie sollen die Gläser so sortieren, dass auf der einen Seite nur volle Gläser sind und auf der anderen Seite

nur leere Gläser. Sie dürfen aber nur ein Glas bewegen. Das ist die Aufgabe. Es geht um dieses Päckchen Gummibärchen."

Die Lösung: Sie nehmen Glas Nummer 2, und das ist das volle in der Mitte von zwei leeren und schütten es in Glas Nummer 5, das ist das Glas zwischen zwei vollen, und stellen das Glas Nummer 2 dann wieder auf seinen Platz zurück. Damit bewegen Sie nur ein Glas und erfüllen die Aufgabe, dass rechts nur volle Gläser sind, links nur leere.

Technische Hinweise

- **Material:** Ein Tisch, sechs Gläser (oder andere Gefäße) und ein gefüllter Wasserbehälter. Gegebenenfalls Equipment für eine Kameraübertragung
- **Vortragssetting:** Jedes
- **Vorbereitung:** Gefäße bereitstellen und füllen, gegebenenfalls vorab die Kameraübertragung prüfen
- **Zeitpunkt:** Jederzeit
- **Publikumsbeteiligung:** Alle
- **Spielhaltung:** Einladend/Verspielt
- **Dauer:** 3–10 Minuten
- **Inspiration:** Wiseman, Richard (2016): 101 Bets you will always win. The Science of the Seemingly Impossible. Pan Macmillan, London.
- Das Video zur Übung finden Sie unter den Downloadressourcen. Sie können über den Link zugreifen, der auf S. 6 angegeben ist.

Ziegel-Zinnober

Ziel

Eine aktive Pause mit niedrigschwelliger Publikumsbeteiligung, die zum Denken „Outside the Box" anregt.

Übungsbeschreibung

Wie bereits beschrieben, sind Barwetten als Running Gags perfekt geeignet, um die Leute kurz mal abzulenken, einen Moment lang woanders hinzuführen, sie dabei aber immer im kommunikativen Tun zu halten, um sie dann wieder zurück zum Hauptthema zu führen. Es kann später wieder auf die Barwette Bezug genommen werden, wie ein roter Faden, der die Leute immer wieder mit einbindet. Dabei geben Barwetten Gelegenheit, den Kopf freizuschalten und „Outside the Box" zu denken. Für das Finden einer Lösung kann ein kleiner Preis ausgesetzt werden.

Wenn der Saal sehr groß ist, ist es oft gut, eine Kameraübertragung für die Barwette zu nutzen. Dann kann man selbst sehr kleine Barwetten sehr groß spielen.

„Ich habe hier fünf Ziegelsteine. Sie sehen, sie sind hier aufeinandergeschichtet in dieser etwas kuriosen Form. Die Aufgabe besteht jetzt darin, einen Weg zu finden, diese fünf Ziegelsteine mit nur einer Hand hochzuheben.

Wie ist das möglich, ohne dass ein Ziegelstein fällt und ohne, dass Sie eine zweite Hand nutzen? Überlegen Sie mal mit Ihrem Nachbarn zusammen eine Methode. Wenn Sie eine Möglichkeit haben, dann heben Sie die Hand, stehen Sie kurz auf. Los geht's!"

Hier kann auch ein anderes vorher verabredetes Zeichen genutzt werden, zum Beispiel einen farbigen Hut aufzusetzen (s. „Hut-Abfrage“ S. 85).

„Sehen Sie sich die Steine an. Die Lösung ist, man kann von oben durch das Quadrat, das die Ziegelsteine bilden, auf den untersten mittleren Ziegelstein zugreifen und ihn auf diese Weise hochheben. Damit lassen sich alle fünf Ziegelsteine mit nur einer Hand bewegen und hochheben.“

Technische Hinweise

- **Material:** Ein Tisch und fünf Ziegelsteine. Gegebenenfalls Equipment für eine Kameraübertragung
- **Vortragssetting:** Jedes
- **Vorbereitung:** Ziegelsteine bereitlegen, gegebenenfalls vorab die Kameraübertragung prüfen
- **Zeitpunkt:** Beginn/Jederzeit
- **Publikumsbeteiligung:** Alle
- **Spielhaltung:** Einladend/Verspielt
- **Dauer:** 3–10 Minuten
- **Inspiration:** Wiseman, Richard (2016): 101 Bets you will always win. The Science of the Seemingly Impossible. Pan Macmillan, London.
- **Video:** Das Video zur Übung finden Sie unter den Downloadressourcen. Sie können über den Link zugreifen, der auf S. 6 angegeben ist.

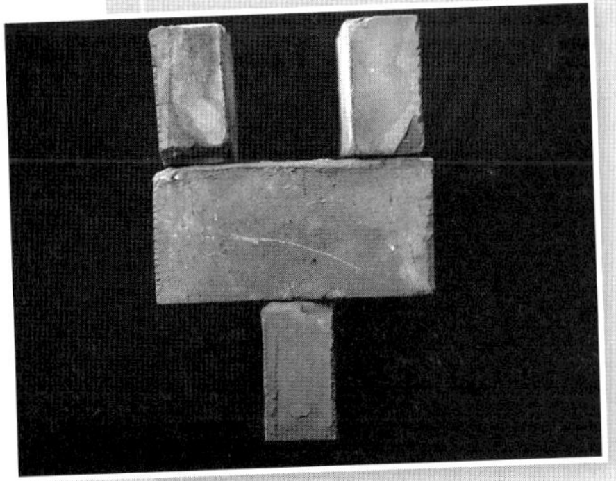

2. Kapitel

Immer und jederzeit

Schau nach links – schau nach rechts

Ziel

Das Publikum wird zwischendurch wachgerüttelt und ins Tun gebracht, es überprüft eigene Vorannahmen.

Übungsbeschreibung

Machen Sie die Kopfbewegungen, die Sie anmoderieren, auf der Bühne mit:

- *„Schauen Sie nach links.*
- *Schauen Sie nach rechts.*
- *Schauen Sie nach oben.*
- *Schauen Sie nach unten."*

Kurze Pause, dann sehen Sie Ihr Publikum fragend an: *„Und falls Sie sich jetzt fragen, was das soll? Tja, da kann ich nur sagen: Sie können sich drehen und wenden wie Sie wollen …*

Sie sind noch immer am gleichen Ort. Für Veränderung ist es gut, sich umzusehen, noch besser ist es, loszugehen. Es gibt nichts Gutes, außer man tut es." Oder: *„Sie sind noch immer in Ihrer Rolle. Es ist gut, sich umzusehen, noch besser ist es, neue Rollen zu proben."*

Oder Sie setzen genau das ein, was zu Ihrem Vortragsinhalt passt.

Variation

Im Stehen: *„Drehen Sie sich nach links …"* usw.

Technische Hinweise

- **Vortragssetting:** Jedes
- **Zeitpunkt:** Immer
- **Publikumsbeteiligung:** Alle
- **Spielhaltung:** Spielerisch/Augenzwinkernd
- **Dauer:** 2 Minuten
- **Inspiration:** Margit Hertlein

Faltet die Hände

Ziel

Das Publikum spürt selbst, wie stark Gewohnheiten sind.

Übungsbeschreibung

„Bitte falten Sie Ihre Hände. Danke. Ja und jetzt schauen Sie auf Ihre gefalteten Hände und sehen, welcher Daumen oben liegt. Der linke oder der rechte? Okay. Und wie fühlt es sich für Sie an? Wahrscheinlich ganz normal, so wie immer.

Jetzt versetzen Sie alle Finger so, dass der andere Daumen oben liegt. Erledigt? Hat es geklappt? Und wie fühlt sich das jetzt an? Komisch? Ungewohnt? Jemand sagte mal zu mir: ‚Jetzt fühlt es sich an, als wenn ich mehr Finger hätte.'

Die erste Position ist unsere unbewusst gelernte Fingerhaltung, wenn wir die Hände falten. Die zweite Position ist wahrscheinlich bei den meisten heute zum ersten Mal ausprobiert worden und fühlt sich deshalb fremd an. Erst, wenn wir immer wieder beide Fingerhaltungen üben, greift die Veränderung und eine neue Gewohnheit bildet sich.

Studien haben gezeigt, dass unser Gehirn circa zwei Wochen braucht, um diese Veränderung zur Gewohnheit zu machen."

Variation

- Das Phänomen zeigt sich ebenso beim Verschränken der Arme.
- Bei einer kleineren Publikumsgröße können Sie auch direkt Menschen aus dem Publikum fragen, wie sich die Fingerhaltung anfühlt.

Technische Hinweise

- **Vortragssetting:** Jedes
- **Zeitpunkt:** Start/Mitte
- **Publikumsbeteiligung:** Alle
- **Spielhaltung:** Ruhig/Augenzwinkernd
- **Dauer:** 3 Minuten
- **Inspiration:** Auf einem NLP-Kongress erlebt

Augen auf

Ziel

Die kurze Übung zeigt auf, dass wir selbst beeinflussen können, wie die Welt auf uns wirkt.

Übungsbeschreibung

„Ich darf Sie für das nächste kleine Experiment bitten, dass Sie sich mal auf Ihre Augen konzentrieren. Also die Dinger, mit denen Sie mich gerade anschauen. Und jetzt machen Sie Ihre Augen ein bisschen schmaler als normal, ja, so, als würden Sie ein bisschen gegen das Licht gucken. Ja, nicht zu schmal, so, dass nur ein bisschen Spannung um die Augen entsteht. Ja, genau. Sehr gut.

Und schauen Sie sich jetzt ein bisschen um, mit diesen schmalen Augen. Schauen Sie sich den Raum an. Was nehmen Sie wahr, wenn Sie die Welt durch dieses angespannte, schmale Sichtfeld wahrnehmen? Nehmen Sie mehr die schönen Dinge wahr oder sehen Sie mehr die Spinnweben oder die Flecken, die kleinen Unsauberkeiten? Und wenn Sie sich jetzt Ihren Nachbarn angucken oder die Leute vor und hinter Ihnen oder die Leute am anderen Ende des Raumes, was denken Sie über diese Menschen? Was denken die wohl über Sie?

Bleiben Sie noch einen Moment bei diesen schmalen Augen. Sie merken, dass Sie ein bisschen kritischer denken, die Welt kritischer betrachten. Ich darf Sie bitten, die Augen noch für wenige Momente schmal zu belassen. Versuchen Sie jetzt, dabei einen positiven Gedanken aufzubauen. Das ist nicht so leicht. Damit das für Sie nicht so bleibt, schütteln Sie die Augen kurz aus, Hervorragend. Kopfschütteln, also damit auch die Augen. Hervorragend.

Und jetzt machen wir das Gegenteil. Machen Sie Ihre Augen groß und rund. Und weil wir unter uns sind, und das Ganze eine Trainingsübung ist, machen Sie sie wirklich groß und rund, Richtung christbaumkugelgroß. Ja, genau. Sehr schön. Und schauen Sie sich jetzt den Raum an. Was nehmen Sie jetzt wahr? Die schönen Dinge? Die Farben vielleicht? Schauen Sie sich Ihren Nachbarn an oder Ihr Gegenüber oder die Person am anderen Ende des Raumes. Was denken Sie über diese Leute? Was denken die Leute wohl über Sie? Und Sie werden merken, bleiben Sie noch einen Moment bei den großen runden Augen, da ist man ein bisschen freundlicher, vielleicht ein bisschen naiver, aber man sieht eher die positiven Aspekte des Raumes, des Gegenübers. Und versuchen Sie jetzt mal, mit den großen runden Augen, ärgerlich zu werden oder depressiv. Auch das ist nicht so leicht. Sie können die Augen jetzt entspannen.

Die Wahrheit ist: So, wie wir in die Welt hineinschauen, so schaut die Welt zurück. Und manchmal haben wir es im Griff, wie wir die Welt sehen."

Technische Hinweise

- **Vortragssetting:** Jedes
- **Zeitpunkt:** Sehr gut zu Beginn/Jederzeit
- **Publikumsbeteiligung:** Alle
- **Spielhaltung:** Einladend/Verspielt
- **Dauer:** 5 Minuten
- **Inspiration:** Keith Johnstone

Die Welt mit anderen Augen sehen

Ziel

Ein allgemein bekannter Spruch wird hinterfragt, das sorgt für Verblüffung und Schmunzeln. So einfach ist es nicht, die Welt mit den Augen einer anderen Person zu sehen

Übungsbeschreibung

Sie brauchen dazu eine Person im Publikum, die eine Brille trägt. Gehen Sie zu dieser Person und fragen Sie nach: *„Wie viel Dioptrien hat denn Ihre Brille?"* Alles über drei Dioptrien ist o.k. Unter drei Dioptrien bitte die nächste Person mit Brille fragen.

„Wäre es für Sie in Ordnung, wenn ich mir Ihre Brille kurz ausleihe? Ich brauche sie nur kurz für ein Experiment. Vielen Dank." Mit der Brille gehen Sie jetzt zu einer normalsichtigen Person ohne Brille: *„Könnten Sie bitte die Brille aufzusetzen? Dann können Sie endlich einmal die Welt mit den Augen dieser Frau sehen – Vielen Dank noch mal"*, in Richtung der Brillenträgerin.

„Und ... wie sehen Sie jetzt die Welt?" Jetzt wiederholen Sie für das gesamte Publikum, was die Person sagt. Meistens kommt: *„Ich seh nicht gut/Jetzt ist es unscharf/Das ist unangenehm."*

Zur Versuchsperson: *„Halten Sie noch ein wenig aus? Es ist sehr wichtig für unser Experiment die Welt mit anderen Augen zu sehen."*

Zum Gesamtpublikum: *„Was passiert jetzt normalerweise im Alltag?"*

Zur Versuchsperson: *„Jetzt probieren Sie es doch noch mal! Oder man sagt: ‚Geben Sie sich halt ein wenig Mühe!' oder man nimmt die Brille ab und setzt sie wieder auf – die klassische Wiederholung."*

Frage an die Versuchsperson: *„Na, ist es jetzt besser?“*

Die Antwort ist im Normalfall: *„Nein, nicht besser.“* Wiederholen Sie die Antwort wieder für das Gesamtpublikum.

Zum Gesamtpublikum: *„Und was ist im Alltag dann der nächste Schritt?“*

Zur Versuchsperson: *„Jetzt strengen Sie sich halt ein wenig an. So kurz anstrengen, das muss doch drin sein. Das kann doch nicht so schwer sein, die Welt mit anderen Augen zu sehen.“*

Frage an die Versuchsperson: *„Na, sehen Sie jetzt besser?“*

Die Antwort ist im Normalfall: *„Nein, nicht besser.“* Wiederholen Sie die Antwort wieder für das Gesamtpublikum.

Zum Gesamtpublikum: *„Und der nächste Schritt im Alltag? Na, motivieren natürlich!“*

Zur Versuchsperson: *„Halten Sie noch ein wenig aus? Danke, nur so klappt unser Experiment, die Welt mit anderen Augen zu sehen. Was motiviert Sie denn? Geld? Schokolade? Anerkennung?“*

Nehmen Sie die unspezifische Antwort, zum Beispiel Geld, und machen Sie ein konkretes Angebot daraus: *„Und wenn ich Ihnen 50 Euro gebe, sehen Sie dann besser?“*

Die Antwort ist auch hier normalerweise: *„Nein, nicht besser.“* Wiederholen Sie die Antwort wieder für das Gesamtpublikum. Zum Gesamtpublikum: *„Und jetzt kommt der letzte Versuch …“*

Zur Versuchsperson: *„Würden Sie bitte für mich ganz persönlich besser sehen? Ich bitte Sie ganz, ganz herzlich darum."*

Die Antwort ist im Normalfall: *„Nein, geht nicht besser."* Wiederholen Sie die Antwort wieder für das Gesamtpublikum.

Zum Gesamtpublikum: *„Da gibt man alles als Führungskraft, spornt an, motiviert und gibt wirklich alles – und was bringt es? Jedenfalls nicht das Ergebnis, dass man sich wünscht.*

Wir bekommen Informationen durch die Brille des anderen, Näherungswerte, aber wir können nie wirklich wissen, wie unser Gegenüber die Welt sieht. Und wir sollten nicht davon ausgehen, dass unsere Sicht auf die Welt für alle anderen gleich aussieht."

Zur Versuchsperson: *„Vielen, vielen Dank, dass Sie durchgehalten haben. Ich befreie Sie jetzt von der Brille."* Und Sie geben die Brille mit einem Dankeschön zurück.

Technische Hinweise

- **Material:** Die Brille einer anderen Person aus dem Publikum
- **Vortragssetting:** Jedes
- **Zeitpunkt:** Start/Mitte
- **Publikumsbeteiligung:** Ein Teilnehmer führt vor allen Teilnehmern vor.
- **Spielhaltung:** Ruhig/Augenzwinkernd
- **Dauer:** 5 Minuten
- **Inspiration:** Auf einer GSA-Convention erlebt

Ich? Nein, Du!

Ziel

Die Zuschauer werden aktiv beteiligt und erleben den Unterschied zwischen Teamwork und dem Abschieben von Verantwortung.

Übungsbeschreibung

„Okay, wir machen ein Spiel, das wir im Theater oft gespielt haben, wenn es um das Teambuilding ging. Es gibt da einen passenden Satz – nicht ganz ernst gemeint: ‚Ich? Nein, Du!'

Bei ‚Ich' deute ich auf mich, bei ‚Nein, Du' deute ich auf jemand anderen. Wenn ich auf Sie gedeutet habe, dann deuten Sie auf sich und sagen: ‚Ich? Nein, Du!' und deuten auf jemand anderen. Und Sie sagen wieder: ‚Ich? Nein, Du!' Auf diese Art und Weise geht dieser Satz dann hier quer durch die Reihen.

Wir machen mal einen kurzen Test: ‚Ich? Nein, Du!'– ‚Ich? Nein, Du' ... Hervorragend."

Jetzt kann man mehrere „Ich? Nein, Du!" losschicken.

Will man dem Ganzen eine positivere Richtung geben, kann man einen alternativen Satz vorgeben: „Ich! Mit Dir!"

Und das geht dann durch den Raum, dieses Spiel ist erst mal ein Energizer. Im Anschluss lässt sich gut darüber sprechen, wie sich der Unterschied anfühlt.

Man kann beide Sätze auch super einzeln verwenden, aber der Unterschied zwischen den beiden Sätzen ist oft deutlich zu spüren und kann inhaltlich genutzt werden.

Technische Hinweise

- **Vortragssetting:** Jedes
- **Zeitpunkt:** Zwischendurch
- **Publikumsbeteiligung:** Alle
- **Spielhaltung:** Klare Ansage/Verspielt/ Einladend
- **Dauer:** 4 Minuten
- **Inspiration:** Variation von Gaston Florin

Biene Maja

Ziel

Die Übung lockert und belebt die Teilnehmer und schafft Beziehung.

Übungsbeschreibung

Die nächste Übung funktioniert wunderbar sowohl im Sitzen als auch im Stehen.

„Stellen Sie sich vor, Ihr rechter Finger wäre eine Biene oder eine dicke Fliege und die summt wilde Kurven schlagend um Sie herum. Ich darf Sie bitten, das wirklich zu tun. Sie machen also ‚Sssssss' (Bienengeräusch) und dabei führen Sie den Finger wie eine Biene in mehr oder weniger unkontrolliertem Flug um Sie herum. Irgendwann beschließen Sie, Pause zu machen und landen mit Ihrem Finger irgendwo auf Ihrem Körper und verstummen. Sehr Schön.

Jetzt dürfen Sie das weitermachen und jetzt machen Sie dann Pause, wenn auch ich Pause mache, Sie machen ‚Ssssss ssssss ssssss', Pause. Genau. Und dann hören Sie auch auf. Noch mal ‚Ssssss sssssss ssssss'. Die nächste Pause dürfen Sie nicht mehr bei sich selber machen. Sie müssen einen anderen Ort dafür finden. ‚Sssssss ssssss ssssss'. Sehr gut. Noch mal. ‚Ssssss ssssss', gehen Sie ein bisschen weiter, fliegen Sie weiter, ‚Sssss', fliegen Sie größtmögliche Strecken im Rahmen Ihrer Möglichkeiten. Super. ‚Ssss', so, und Pause.

Ja, und die nächste Pause dürfen Sie auf einer anderen Person machen. ‚Sssssssssss sssssssss'. Hervorragend."

Diese Anleitung zur Kontaktaufnahme zu anderen kann man sich auch sparen.

„Dann können Sie sich auch noch vorstellen, dass es eine besonders hektische, aufgeregte Biene ist. Eine, die besonders schnell fliegt, die besonders aufgeregt ist,

weil sie den größten Honigfund der Erde gemacht hat. Ja, ,Sssssssss', genau. Perfekt.

Oder Sie stellen sich vor, die Biene ist schon sehr müde, weil Sie schon sehr lange geflogen ist. Vielleicht ist es Willi aus ,Biene Maja', der ist ein bisschen faul, der würde das Ganze ein bisschen träger machen. Hervorragend.

Sie können sich auch vorstellen, dass es eine Biene am ersten sonnigen Frühlingstag ist, die genussvoll die Sonnenstrahlen genießt. Sehr schön. Machen Sie immer wieder Pausen."

Variation

Eine Variation dieses Spieles besteht darin, dass die Pause aus dem Publikum heraus generiert wird. Das heißt, eine Teilnehmerin kann entscheiden, Pause zu machen. Von diesem Ort, wo sie Pause macht, trägt sich das dann durch die ganze Gruppe, bis alle ruhig sind. Und dann beschließt jemand anderes, „seine Biene" wieder fliegen zu lassen, bis der gesamte Saal, bis die gesamte Gruppe wieder Bienen fliegen lässt. Wenn alle fliegen, darf wieder eine Teilnehmerin entscheiden, Pause zu machen. Das können Sie als Leiterin auch anleiten oder tatsächlich auch dem Publikum überlassen. Beides ist möglich.

Technische Hinweise

- **Vortragssetting:** Jedes
- **Zeitpunkt:** Jederzeit
- **Publikumsbeteiligung:** Alle
- **Spielhaltung:** Einladend/Spielerisch
- **Dauer:** 3–5 Minuten
- **Inspiration:** Kirsten Peters
- **Video:** Zu finden in den Downloadressourcen.

Hey!

Ziel

Dieser aktive Unterbrecher dient als Warming-up und fördert die Aufmerksamkeit.

Übungsbeschreibung

Die Übung ist im Stehen besonders effektiv – hier ist die sitzende Version beschrieben.

„Ich bin berühmt, manche sagen berüchtigt, für unglaublich sinnvolle Übungen. Die Übung, die jetzt folgt, hat den absolut sinnvollen Titel ‚Hey'. Dabei mache ich in unregelmäßigen Abständen ‚Hey'. Das heißt, dabei breite ich die Arme aus, so nach oben, wie Gewinner beim Zieleinlauf, und schreie und rufe laut und deutlich ‚Hey!'. Das mache ich in unregelmäßigen Abständen, während ich mit Ihnen spreche. Am Anfang ist das noch sehr einfach, dann zähle ich bis drei und dann machen wir alle zusammen möglichst laut ‚Hey'. Eins, zwei, drei, ‚Hey'. Genau.

Jetzt ist es nicht jedes Mal so einfach, dass ich eins, zwei, drei, ‚Hey' sage, sondern ich mache auch irgendwann ‚Hey' einfach in der Mitte ‚Hey' vor einem Satz ‚Hey'. Und schon ‚Hey' wird auf alle Fälle ‚Hey' Ihre Konzentrationsfähigkeit ‚Hey' wirklich auf die Probe gestellt."

Bei jedem spontanen „Hey" macht das Publikum mit und reißt auch die Arme nach oben.

„Übrigens: Wenn Sie drauf warten, ob das ‚Hey' kommt oder nicht, wenn Sie Ihre Antennen ausfahren, dann ist das das, was wir in der Bühnensprache ‚Präsenz' nennen.

Ich bin da, mit meinem ganzen Körper, mit meiner ganzen Aufmerksamkeit und ich bin bereit, zu springen. Jederzeit.

‚Hey.' Aber Ihr seid sehr, sehr gut, wow. Okay, kommen wir zu ‚Hey', kommen wir zur nächsten Übung, ‚Hey!'. Ihr seid richtig gut!"

Technische Hinweise

- **Vortragssetting:** Jedes
- **Zeitpunkt:** Beginn
- **Publikumsbeteiligung:** Alle
- **Spielhaltung:** Dominant/Verschmitzt
- **Dauer:** 3 Minuten
- **Inspiration:** Grantham, Barry (2000): Playing Commedia. A Training Guide to Commedia Techniques. Nick Hern Books, London.

Der verrückte Verkehrspolizist

Ziel

Kognitiv werden die Zuschauer aufgelockert, um die nächsten Inhalte besser aufnehmen zu können.

Übungsbeschreibung

„Exekutive Funktionen", das ist kein Begriff aus der Mathematik, sondern aus der Hirnforschung. Hirnforscher haben sich die grundlegenden „Arbeitsmethoden" unseres Gehirns angeschaut und festgestellt, dass man diese Funktionen, wie das Arbeitsgedächtnis, die Flexibilität oder auch die Konzentrationsfähigkeit auf eine Sache, richtig gut trainieren kann. Und genau das ist das Ziel der nächsten Übung. Diese Information kann man auch sehr gut in die Moderation integrieren.

„Ich bin jetzt derjenige, der etwas vormacht, Sie machen im ersten Schritt ganz einfach nur nach. Ich darf Sie bitten, kurz aufzustehen, sich ein bisschen locker zu machen. Und wenn ich mit der Hand nach oben gehe, dann zeigen auch Sie mit der Hand nach oben oder mit beiden eigentlich. ‚Zack', mit beiden Händen nach oben. Und jetzt, wenn ich nach unten gehe, gehen auch Sie mit beiden Händen nach unten. Wenn ich nach links gehe, gehen bei Ihnen beide Hände nach links, beide Hände, und wenn ich dann nach rechts zeige, zeigen Ihre Hände auch nach rechts. Hervorragend."

Rechts und links gilt immer aus Zuschauersicht – beim Sprechen müssen Sie auf der Bühne also etwas umdenken.

„Sie sind bereit? Ja, dann geht es los, und, ja, und oben, und links, und oben, und rechts, und unten, und rechts …

Sie merken schon, das ist viel zu leicht. Deswegen machen wir es jetzt ein bisschen schwerer. Wenn ich nach oben zeige, zeigen Sie nach unten. Wenn ich auf die eine Seite zeige, zeigen Sie auf die andere Seite. Sie machen also immer genau das Gegenteil von mir. Okay? Wir probieren auch das. Sie sind fertig und parat? Okay. Und zack, und zack, und zack, und ..., und ... sehr gut.

Ich meine, Sie sind richtig gut, wir können noch einen Schritt weitergehen. Denn wenn ich jetzt nach oben zeige, dann sagen Sie jetzt auch ‚oben', aber die Hände gehen nach unten. Ja? Und wir probieren mal langsam zusammen. Meine Hand geht nach oben, Ihre Hände gehen wohin? Nach unten. Und Sie sagen ...“

Teilnehmer: *„Oben.“*

„Und wenn ich nach da drüben gehe, gehen die Hände wohin? Und Sie sagen rechts ...“

Teilnehmer: *„Rechts.“* Bewegt der Teilnehmer dabei auch die Hände nach rechts, wird korrigiert: *„Nein, das ist ja rechts bei Dir, dann musst Du dazu ‚links' sagen.“*

Teilnehmer: *„Links.“*

„Und jetzt?“ Teilnehmer: *„Rechts.“*

„Und ...“ Teilnehmer: *„Oben.“*

„Und ...“ Teilnehmer: *„Unten.“*

„Hervorragend. Sie können wieder Platz nehmen.“

Variation

Der Verkehrspolizist lässt sich variieren, indem man nach einer Weile vertauschter Angaben alles wieder richtig machen lässt.

Oder, indem man zunächst das Richtige zeigen lässt und dann das Falsche dazu sagen lässt. Es gibt viele lustige Variationen, um immer wieder von Neuem den Kopf mitzunehmen und wach und munter zu machen.

Technische Hinweise

- **Vortragssetting:** Jedes
- **Zeitpunkt:** Jederzeit
- **Publikumsbeteiligung:** Alle
- **Spielhaltung:** Klare Ansage/Verspielt/Augenzwinkernd
- **Dauer:** 4–7 Minuten
- **Video:** Das Video zur Übung finden Sie unter den Downloadressourcen. Sie können über den Link zugreifen, der auf S. 6 angegeben ist.

Hände hoch

Ziel

Ein kleines Gehirntraining, das für Aktivierung und Spaß sorgt.

Übungsbeschreibung

Erklären Sie als Erstes die Anleitungskarte. Sie finden sie auch in den Downloadressourcen zum Buch.

„Unter den Buchstaben des Alphabets, die oben stehen, stehen darunter Buchstaben, die Folgendes bedeuten:

- *L – Sie heben den linken Arm.*
- *R – Sie heben den rechten Arm.*
- *Z – Sie heben Ihre beiden Arme zusammen.*

Wenn ich einen Buchstaben des Alphabets nenne, dann führen Sie bitte schnell die entsprechende Bewegung aus. Danke!“

Technische Hinweise

- **Material:** Ein Flipchart, eine Pinnwand oder eine Leinwandprojektion mit der Übungsanleitung
- **Vortragssetting:** Sitzen oder stehen
- **Vorbereitung:** Übungsanleitung vorbereiten
- **Zeitpunkt:** Immer
- **Publikumsbeteiligung:** Alle
- **Spielhaltung:** Spielerisch
- **Dauer:** 3 Minuten und länger möglich

A L	**B** R	**C** Z	**D** R	**E** Z
F L	**G** L	**H** R	**I** Z	**K** R
L R	**M** Z	**N** L	**O** R	**P** L
Q Z	**R** R	**S** L	**T** R	**U** Z
V R	**W** Z	**X** L	**Y** L	**Z** R

Fixpunkte

Ziel

Eine bewegte Aktivierung, die die Konzentration des Publikums stärkt und das Arbeitsgedächtnis trainiert.

Übungsbeschreibung

„Ich darf Sie bitten, wählen Sie sich einen Punkt, den Sie jetzt gut von Ihrem Platz aus vor sich sehen können. Irgendetwas Markantes, nicht unbedingt mich, sondern irgendeinen Gegenstand. Und deuten Sie auf diesen Gegenstand ganz klar und deutlich mit Ihrem rechten Zeigefinger. Sie dürfen also endlich mal mit dem Zeigefinger auf etwas deuten, was man ja normalerweise nicht machen soll. Und sagen Sie laut und deutlich ‚Eins!'. Das ist Konzentrationspunkt 1. Hervorragend.

Jetzt wählen Sie einen Punkt rechts von Ihnen. Deuten Sie mit Ihrem Finger dort hin und sagen ‚Zwei!'. Das ist Fixpunkt Nummer 2. Nummer 3 befindet sich hinter Ihnen. Suchen Sie sich einen Gegenstand, einen Punkt hinter Ihnen, aus, deuten Sie darauf und sagen Sie ‚Drei!'. Okay, Sie wissen noch die Eins, die Zwei und die Drei? Gut.

Dann gibt es einen Punkt über Ihnen, das ist die Nummer 4. Deuten Sie hin und sagen Sie ‚Vier!'. Jetzt noch einen Punkt Nummer 5, der ist auf der linken Seite. Deuten Sie auch auf diesen Punkt, sagen Sie ‚Fünf!'. Danke.

Sie haben sich alle fünf Punkte gemerkt? Gehen Sie die Punkte noch mal in Ihrem Geist durch, denn ich werde jetzt die Zahlen aufrufen, und Sie zeigen dazu auf Ihre Punkte. ‚Eins, zwei, drei, vier fünf, fünf, vier, drei, zwei, eins.'"

Statt sich gemeinsam an den Richtungen vorne, rechts, hinten, oben und links zu orientieren, kann auch einfach jedes Mal irgendwo ein Punkt ausgesucht werden, sodass jeder im Publikum in unterschiedliche Richtungen zeigt. Also entweder, Sie zeigen immer alle gleichmäßig irgendwo nach vorne, irgendwo nach rechts, irgendwo nach oben und so weiter, oder Sie zeigen einfach immer in komplett unterschiedliche Richtungen. Das erfordert noch mal mehr Konzentration. Bei dieser Übung ergibt sich im Stehen mehr Bewegung, im Sitzen ist es ein bisschen weniger, aber das kann man an die Situation anpassen.

Variation

Alternativ können auch körperliche Haltungen als eins, zwei, drei usw. definiert werden. Zum Beispiel ist „Beide Hände vor" die Nummer 1, „Rechte Hand hoch, linke Hand tief" die Nummer 2, „Breitbeinig stehen" die Nummer 3 usw.

Technische Hinweise

- **Vortragssetting:** Jedes
- **Vorbereitung:** Gegebenenfalls vorher Körperhaltungen zu den Nummern überlegen
- **Zeitpunkt:** Jederzeit
- **Publikumsbeteiligung:** Alle
- **Spielhaltung:** Klar/Verspielt
- **Dauer:** 5 Minuten

Wurzeln

Ziel

Diese Konzentrationsübung ist ein Mittel gegen Lampenfieber und gibt Standing und Selbstsicherheit.

Übungsbeschreibung

„Es folgt eine kleine Übung gegen Lampenfieber. Ich darf Sie bitten, stehen Sie kurz auf und stellen Sie sich bequem hin, die Füße ungefähr schulterbreit auseinander, vielleicht ein bisschen paralleler als normal, gehen Sie leicht in die Knie. Stellen Sie sich vor, Sie sitzen auf einem Barhocker, das Becken ist schwer. Manche stellen sich lieber vor, sie hätten einen Känguruschwanz oder einen Tyrannosaurus-Rex-Schwanz, je nachdem. Der Kopf, das Schädeldach ist mit einem Faden zum Himmel gezogen, Sie haben ein bisschen Luft unter den Achselhöhlen. Gut.

Und jetzt nehmen Sie einfach mal nur die Fußsohlen wahr und wo Sie das Gewicht Ihres Körpers auf den Fußsohlen spüren. Ist das mehr vorne oder hinten, ist das mehr links oder mehr rechts? Ist es bei jedem Fuß gleich oder gibt es Unterschiede zwischen dem rechten Fuß und dem linken Fuß?

Und dann fangen Sie langsam an, das Gewicht nach vorne und hinten pendeln zu lassen. Bleiben Sie dabei immer im angenehmen Bereich, also gehen Sie nie über die Grenzen hinaus, sondern pendeln Sie so, dass es bequem ist, dass es gut auszubalancieren ist. Das Gewicht wandert Richtung Fußballen und Richtung Ferse immer hin und her.

Und Sie nehmen dabei wahr, wie das Gewicht wandert. Wandert es wirklich über die Fußmitte oder mehr über die Außenkanten? Mehr über die Innenkanten? Mehr über rechts, mehr über links? Lassen Sie nun das Pendel dann kleiner werden, immer kleiner. Und pendeln Sie sich in Ihrer Mitte ein, wo auch immer diese jetzt ist.

Und dann pendeln Sie mit dem Gewicht von rechts nach links. Stellen Sie sich dabei vor, die beiden Beine wären Gefäße, die gefüllt sind mit einer Flüssigkeit. Pendeln Sie so, dass jetzt die Flüssigkeit komplett ins rechte Bein fließt. Das linke Bein ist ganz leer. Und dann fließt die Flüssigkeit zurück ins linke Bein und das rechte Bein wird ganz leer. Und jetzt pendeln Sie, lassen Sie die Flüssigkeit sozusagen immer von rechts nach links, ganz langsam, hin und her fließen.

Nehmen Sie dabei die Gewichtsverlagerung wahr: Passiert die mehr über die Fußballen, also vorne, oder über die Fersen, also hinten, oder genau in der Mitte? Wie ist das jetzt, heute, in diesem Moment? Und pendeln Sie dann sich auch hier ein bisschen ein, sehr gut. Wo ist heute Ihre Mitte? Und wenn Sie mögen, schließen Sie für einen kurzen Augenblick die Augen und nehmen Sie wahr, wie das ist, in der Mitte zu sein, in Balance zu sein. Sie werden feststellen, der Körper ist nie ganz in Ruhe, er ist immer ein bisschen am Schwingen, vor, zurück, rechts, links, in kleinen Spiralen, ganz klein, unmerklich, aber doch stets spürbar.

Und dann stellen Sie sich vor, aus Ihren Fußsohlen würden Wurzeln wachsen. Erst ganz fein und klein, graben sie sich in den Boden, graben sich in die Erde hinein. Stellen Sie sich das richtig vor. Mit jedem Atemzug werden diese Wurzeln tiefer, stabiler, größer, dicker. Und Sie graben sich ein. Hervorragend.

Wurzeln

Stellen Sie sich wirklich vor, Sie könnten das spüren. Ja, genau.

Und dann öffnen Sie die Augen, für die, die sie geschlossen haben, und behalten das Bild mit den Wurzeln bei. Sie werden merken, Sie fühlen sich viel verbundener und viel stärker. Und je klarer Sie das Bild der Wurzeln haben, desto klarer ist dieses Gefühl von Stärke.

Die deutsche Sprache trifft das sehr gut, sie sagt, wenn ich Angst habe, dann verliere ich den Boden unter den Füßen. Also um dagegenzuwirken, muss ich nichts anderes tun, als den Boden unter den Füßen wieder zu spüren, um mir Halt zu geben. Und das ist eine Übung, die dazu beiträgt. Ich mache das gerne an Bushaltestellen, beim Warten, in Einkaufsschlangen, dass ich mir immer wieder vorstelle, diese Wurzeln zu haben. Denn je öfter man das übt, desto leichter fällt es einem, sich zu ‚verwurzeln', auch in stressigen Situationen."

Technische Hinweise

- **Vortragssetting:** Jedes
- **Zeitpunkt:** Jederzeit
- **Publikumsbeteiligung:** Alle
- **Spielhaltung:** Klare Ansage/Ruhig
- **Dauer:** 6 Minuten
- **Inspiration:** Qigong

Nadelöhr

Ziel

Das Publikum erkennt, wie Konzentration die Außenwirkung beeinflussen kann.

Übungsbeschreibung

„Wir wissen alle, dass im Kontakt mit Menschen das Lächeln jede Menge Vorteile bringt. Aber leider wird das Lächeln im Alltag häufig vergessen. Nicht, weil wir schlechter Laune sind, sondern weil wir uns konzentrieren. Denn das Konzentrationsgesicht lächelt erst mal nicht. Und das probieren Sie bitte selbst aus.

Auf Ihren Plätzen liegen Nähnadeln und ein Faden. Fädeln Sie den Faden ein und sehen Sie sich dabei immer wieder um – das, was Sie sehen, sind Konzentrationsgesichter. Und los geht's."

Eine Minute warten und dem Publikum zusehen. Geben Sie Ihren Teilnehmern Rückmeldung darüber, was Sie in dieser Zeit von der Bühne aus gesehen haben.

„Vielen Dank für Ihre Geduld und Konzentration. Konzentrieren und lächeln, das klappt im Kontakt mit Menschen, wenn man es übt.

Eine tolle Erfahrung hat dazu Marietta Slomka gemacht. Sie moderiert seit vielen Jahren im ZDF das ‚heute journal'. Das sind eine ganze Menge Sendungen, und sie sagt von sich, dass sie im Studio, gerade in Interview-Situationen, oft so konzentriert sei wie jemand, der einen Faden in eine Nähnadel einfädelt. Deshalb hat sie lächeln beim Einfädeln gelernt. Sie gab in einem Interview mit der Süddeutschen Zeitung den Tipp: ‚Denk daran, freundlich zu gucken. Du darfst Dich nicht so vergessen in anstrengenden Situationen.'"

Variation

Es kann auch eine Person nach vorne gebeten werden, um auf der Bühne einen Faden einzufädeln.

Technische Hinweise

- **Material:** Für jeden Teilnehmer eine Nähnadel mit dünnem Nadelöhr und Faden. Kommt eine Person zur Demonstration nach vorne, dann reicht ein Nähset.
- **Vortragssetting:** Sitzen
- **Vorbereitung:** Nähset auslegen, wenn alle mitmachen sollen
- **Zeitpunkt:** Immer
- **Publikumsbeteiligung:** Alle
- **Spielhaltung:** Ruhig/Augenzwinkernd
- **Dauer:** 3 Minuten
- **Inspiration:** Aus dem Buch von Hertlein, Margit (2014): Raus aus dem Jammersumpf. Ariston Verlag, München.

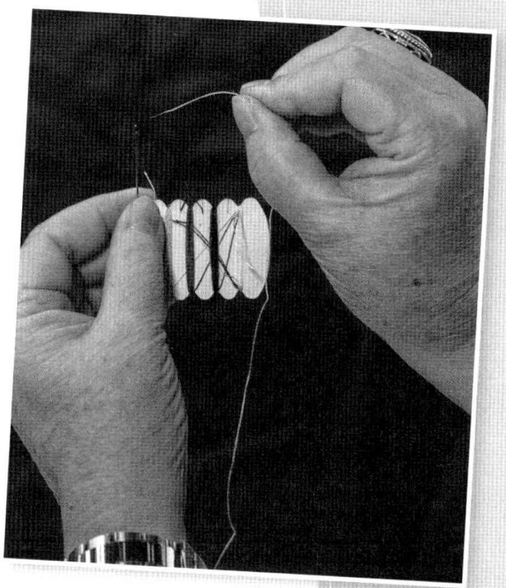

Laserstrahlen

Ziel

Über ein inneres Bild können die Teilnehmer deutlich an Ausstrahlung und körperlicher Präsenz gewinnen.

Übungsbeschreibung

„In den nächsten Sekunden geht es um unsere Präsenz. Darum, wie wir einen Raum füllen und ihn uns zu eigen machen können.

Dafür darf ich Sie bitten, kurz aufzustehen, sich ein bisschen locker zu schütteln, ganz kurz, danke.

Legen Sie Ihre Hände jetzt unterhalb des Bauchnabels und stellen Sie sich vor, von hier aus würden Laserstrahlen nach vorne in den Raum geschickt. Von diesem Punkt aus weit, weit bis über die Raumgrenzen hinaus nach vorne. Aber auch von diesem Punkt zur Seite, wie ein Fächer, der immer breiter und größer wird. Sehr gut.

Die Laserstrahlen gehen auch nach hinten, fächern sich nach hinten auf, durchdringen alles, die Wände um uns herum. Ja, genau. Halten Sie dieses Bild für einen kurzen Augenblick und schauen Sie sich jetzt kurz um bei Ihren Nachbarn. Nehmen Sie wahr, wie die Ausstrahlung sich im Raum verändert hat.“

Dieses einfache Bild bewirkt, dass wir plötzlich viel präsenter und raumfüllender agieren können. Es verändert tatsächlich auch die Stimme.

„Benutzen Sie jetzt mal Ihre Stimme, mit dem Bild der Laserstrahlen im Kopf. Das heißt, die Laserstrahlen tragen die Stimme hinaus. Sagen Sie nur einfach mal zu Ihrer Nachbarin oder zur Person hinter oder vor Ihnen ‚Hallo'. Probieren Sie das mal aus. Gut so. Ein einfaches Bild, das im Alltag in einem Gespräch mit der Chefin, wenn Sie die nächste Präsentation halten müssen, wirklich von Vorteil sein kann!"

Technische Hinweise

- **Vortragssetting:** Jedes
- **Zeitpunkt:** Jederzeit
- **Publikumsbeteiligung:** Alle
- **Spielhaltung:** Klare Ansage/Ruhe
- **Dauer:** 5 Minuten
- **Inspiration:** Isabel García

Ausgesetzt sein

Ziel

Dieses grundlegende Bühnengeheimnis hilft, langfristig das Lampenfieber in den Griff zu bekommen und entkräftet etwa die Frage: „Was soll ich eigentlich mit meinen Händen machen?"

Übungsbeschreibung

Für die nächste Übung wird ein wirklich mutiger Freiwilliger benötigt. Um das zu erreichen, sage ich oft Dinge wie: *„Ich brauche jemanden, der nicht weiß, was gleich passieren wird, jemanden, der aber weiß, dass er am Ende riesigen Applaus bekommt und von allen gefeiert wird."*

Wichtig ist, hier zu warten, bis jemand sich tatsächlich freiwillig meldet, denn die Übung ist eine Herausforderung.

„Ah, da gibt es jemanden. Darf ich Sie bitten, wie ist denn Ihr Name? Gut, kommen Sie doch zu mir. Nehmen Sie erst mal hier auf dem Stuhl Platz, ich sage vorher noch ein paar Kleinigkeiten. Diese Übung, es tut mir sehr leid, diese Übung ist wirklich ein bisschen gruselig. Sie werden aber mit Applaus am Ende belohnt. Und hoffentlich auch mit der einen oder anderen kleinen Erkenntnis.

Stellen Sie sich jetzt bitte für die Übung auf den Stuhl. Danke sehr. Ich setze mich ins Publikum und die Aufgabe ist sehr leicht. Wir schauen Sie an und Sie schauen uns an. Solange Sie auf dem Stuhl sind, achten wir auf jede Kleinigkeit. Wir achten auf Ihren Atem, wir achten darauf, was Sie tun oder auch nicht tun, ob Sie mit den Fingern spielen, wo Sie verspannt sind und wo Sie nicht verspannt sind.

Solange Sie auf dem Stuhl stehen, solange beobachten wir Sie ganz akribisch und genau. Fühlen wir uns von Ihnen angeschaut? Oder schauen Sie über uns hinweg, durch uns hindurch, uns gar nicht an? Fühlen wir uns angeschaut, angesehen?

Solange Sie oben auf dem Stuhl sind, achten wir auf jede Kleinigkeit, auch darauf, was Sie mit Ellenbogen machen oder mit den Füßen."

Als Trainer warte ich jetzt auf den Moment, wo er anfängt, sich deutlich zu verspannen, wenn die Atmung etwas weggeht und ich davon ausgehen kann, dass auch die Teilnehmer im Publikum wahrgenommen haben, dass jetzt eine Atmosphäre von Verklemmung und Anspannung entsteht. Wenn dieser Zustand erreicht ist, das dürfte nach 60 bis maximal 120 Sekunden passiert sein, fahre ich mit der Moderation fort und spreche den Freiwilligen an.

„Jetzt darf ich Sie bitten, die Fenster in diesem Raum zu zählen."

Der Freiwillige kann auch gebeten werden, die Lampen zu zählen, die Balken, oder die Stühle. Der Freiwillige sollte eine Aufgabe bekommen, die machbar ist, aber schwierig.

„Okay. Zählen Sie die Fenster. Sehr gut. Und jetzt darf ich Sie bitten, sich diese Zahl zu merken. Multiplizieren Sie diese Zahl mit der Anzahl der blauen Augen, die Sie sehen können. Hervorragend. Sehr gut.

Und jetzt darf ich Sie bitten, dass Sie sich daran erinnern, welche drei Kinofilme Sie zuletzt gesehen haben. Am besten mit den Schauspielern, also den Hauptdarstellern und dazu den Regisseur. Hervorragend.

Dann erst mal ein riesiger Applaus für Sie, danke schön. Kommen Sie wieder zu uns, setzen Sie sich wieder hin, entspannen Sie sich. Was gab es zu lernen, was gab es zu erkennen, zu beobachten?"

Jetzt beginnt ein Dialog mit den Zuschauern und mit dem Freiwilligen, den man sich in einen möglichst bequemen Stuhl setzen lässt und dessen Nähe man möglichst oft wertschätzend sucht. Wenn das nicht geht, lässt man ihn am besten zurück zum Sitzplatz.

„Was gab es zu beobachten? Ganz am Anfang war er sehr verspannt, war das die ganze Zeit so? Nein? Ab wann hat es sich geändert? Genau, als er eine Aufgabe bekommen hat.

Das ist eine Übung, die mit Schauspielern ganz am Anfang ihrer Ausbildung durchgeführt wird. Sie heißt ‚Das Aussetzen' und ist von Viola Spolin. Für mich ist das Interessante daran, dass in dem Moment, wo ich etwas zu tun habe – wie zum Beispiel Fenster zählen – die Spannung weggeht. Wenn ich wirklich rechne, also multipliziere, Augen und Fenster, dann, plötzlich, werde ich ganz entspannt. Er stand immer noch auf dem Stuhl, er war uns und unserer Beobachtung immer noch ausgeliefert, aber er hatte etwas Konkretes zu tun und plötzlich war seine Atmung normal, das Verhalten war normal. Denn er war auf sein Tun konzentriert.

Ich habe ihn dabei absichtlich auch Augenpaare zählen lassen und damit das Tun, die Aktion, auf das Publikum gelegt, damit es nicht heißt, ich hätte ihn einfach nur vom Publikum abgelenkt. Nein. Es geht darum: Wenn ich ‚wirklich' etwas mache, wenn ich ihm wirklich etwas erkläre, wenn ich wirklich mit ihm flirte, wenn ich wirklich mit Ihnen in Kontakt bin, wenn ich wirklich ‚Grüß Gott' oder ‚Hallo' sage – dann ist dieses Gefühl oben auf der Bühne, also das Angstgefühl, nicht mehr spürbar."

Das hat zwei Konsequenzen. Konsequenz Nummer eins: *„Wenn Sie sich mal wieder wie auf einer Bühne fühlen, und Sie haben das Gefühl, ‚Mir geht es nicht gut mit der Aufmerksamkeit', dann wissen Sie, Sie haben gerade nichts zu tun. Dann sollten Sie etwas wirklich tun, zum Beispiel einfach nur gucken, wie viele blauäugige Menschen sind hier. Sprechen Sie zum Beispiel als Methode erst mal nur zu den Blauäugigen und danach nur zu den Braunäugigen. Das beantwortet auch die Frage, ‚Was soll ich auf der Bühne nur mit meinen Händen machen?' In dem Moment, wo ich wirklich, wirklich etwas zu tun habe – machen die Hände ganz automatisch das Richtige."*

Die Konsequenz Nummer zwei: Wann immer Sie jemanden aus dem Publikum zu sich auf die Bühne holen, wissen Sie, er ist gefühlt auf diesem Ausgeliefert-Stuhl. Sie wissen auch, um sein Wohlbefinden zu erhöhen, hilft es, ihm etwas Konkretes zu tun zu geben.

Technische Hinweise

- **Material:** Ein Stuhl auf der Bühne
- **Vortragssetting:** Jedes
- **Zeitpunkt:** Letztes Drittel
- **Publikumsbeteiligung:** Einer für alle
- **Spielhaltung:** Klare Ansage/Ruhig/ Liebevolle Aufmerksamkeit
- **Dauer:** 5–20 Minuten
- **Inspiration:** Spolin, Viola (1999): Improvisation for the Theatre. A Handbook of Teaching and Directing Techniques. Northwestern University Press.

Worte versus Gesten

Ziel

Die Teilnehmer lernen, sich ihrer Körpersprache in der Kommunikation bewusst zu sein.

Übungsbeschreibung

„Finden Sie eine Partnerin. Diejenige von Ihnen mit den helleren Augen beginnt. Sie macht eine Aussage oder stellt eine Frage und begleitet diesen Satz mit einer Geste, ja? Zum Beispiel so: ‚Herzlich willkommen!'" – hier machen Sie eine passende Geste dazu.

„Jetzt antwortet Ihr Gegenüber darauf mit einem Satz und einer dazu passenden Geste und darauf wieder Sie. Dafür gebe ich Ihnen ungefähr 30 bis 40 Sekunden Zeit. Ich wünsche Ihnen viel Vergnügen bei diesen kleinen Aussagen und Gesten. Vielen herzlichen Dank. Jetzt beginnt die Person mit den dunkleren Augen. Sie startet eine kleine Konversation mit einem Satz und begleitet diesen Satz mit einer Geste, die so gar nicht zum Inhalt passt. Also wenn der Satz zum Beispiel ist: ‚Ich bin mir sehr sicher', dann können Sie dabei unsicher mit Ihren Fingern spielen. Oder der Satz ist: ‚Ich habe richtig Angst!' und Sie legen dabei aber selbstsicher und ganz jovial Ihrem Partner die Hand auf die Schulter." Am besten machen Sie an dieser Stelle auch die beschriebenen Gesten vor.

„Das heißt, Sie treffen eine Aussage oder stellen eine Frage und die Geste, die Sie dazu machen, passt gar nicht zu dem, was Sie sagen. Auch dafür gebe ich Ihnen 30 bis 40 Sekunden Zeit. Viel Vergnügen!

Vielen Dank. Jetzt tauschen Sie sich mit Ihrer Partnerin aus: Wie fühlt sich das an, was Sie erlebt und entdeckt haben? Was kommt einem in welchen Zusammenhängen vielleicht bekannt vor? Gibt es so was in der ‚freien Wildbahn'? Dafür haben Sie ungefähr zwei Minuten."

Die Teilnehmer werden bei dieser Übung sehr für die Wirkung von Körpersprache im Alltag sensibilisiert. Sie spüren auf spielerische Art und Weise, wie mächtig der Ausdruck unseres Körpers ist und wie ratsam es ist, sorgsam mit dieser Sprache umzugehen.

Nach dieser Übung kann sehr gut zum Thema Kommunikation im Team übergeleitet werden.

Technische Hinweise

- **Vortragssetting:** Jedes
- **Zeitpunkt:** Jederzeit
- **Publikumsbeteiligung:** Alle
- **Spielhaltung:** Einladend/Verspielt
- **Dauer:** 5 Minuten
- **Inspiration:** Gudjons, Herbert (2003): Spielbuch Interaktionserziehung. Julius Klinkhardt, Bad Heilbrunn.

Chorus-Line

Ziel

Mit dieser Übung können Teilnehmer schwierige Momente einer Präsentation schleifen und ihre Individualität fokussieren.

Übungsbeschreibung

Für diese kleine Präsentationsübung bitten Sie fünf bis zehn Freiwillige auf die Bühne. Die stellen sich in einer Reihe auf, mit ungefähr 1–1,5 Metern Abstand zur Bühnenkante. Jeder Freiwillige schließt kurz die Augen und denkt an einen kurzen Auszug aus seiner Präsentation oder Begrüßung. An einen besonders schwierigen Satz, der in der Präsentation vorkommt oder an einen besonderen Moment darin. Er sieht sich selbst in diesem Moment, möglichst körperlich, mit viel Körperbewegung. Und er stellt sich diesen Moment richtig plastisch vor.

Dann sollen alle Freiwilligen auf der Bühne gleichzeitig damit anfangen, ihren individuellen Ausschnitt halblaut auszuführen und zwar in Dauerschleife – also immer und immer wieder.

Der Trainer geht immer wieder zu einem der Freiwilligen und berührt ihn kurz – damit dieser besonders laut und sehr aktiv seinen Part präsentiert. Der Trainer lässt ihn seinen Part zwei- bis dreimal ausagieren. Dann berührt er den gleichen Freiwilligen wieder kurz und dieser macht nur noch halblaut weiter. Der Trainer berührt daraufhin einen anderen von den Freiwilligen. Das tut er nicht der Reihenfolge nach, sondern im Zufallsmodus.

Technische Hinweise

- **Vortragssetting:** Jedes
- **Zeitpunkt:** Im letzten Drittel
- **Publikumsbeteiligung:** 5–10 Freiwillige
- **Spielhaltung:** Klare Ansage/Einladend/Liebevolle Aufmerksamkeit
- **Dauer:** 5–20 Minuten
- **Inspiration:** Gaston Florin, Thilo Matschke

Ha Ha Ma – Heeeyyy

Ziel

Diese Übung bringt Teilnehmer innerlich zur Ruhe, aktiviert sie aber auch für den Vortrag.

Übungsbeschreibung

„Also, ich darf Sie bitten, kurz aufzustehen, Sie kennen das Spiel ja schon, sich kurz zu schütteln, ein wenig zu lockern. Und dann der erste Teil der Übung:

Sie sagen ein ganz entspanntes ‚Ha-Ha-Ma', also ‚Ha-Ha-Ma'. Ja, das sind drei Silben, die den eigenen Kehlkopf streicheln, die streicheln die Stimme. Denken Sie an etwas Leckeres zu essen. Der Ton geht gefühlt nach innen, ‚Ha-ha-Ma'. Die Geste, die Sie dazu machen, ist so von oben nach unten in den Körper hinein. Mit beiden Händen ‚Ha-Ha-Ma'. Genau. Noch drei Mal, ‚Ha-ha-Ma', hervorragend.

Und nach dem ‚Ha-Ha-Ma', kommt das ‚Hey'. Das ‚Hey' begleiten Sie wieder mit einer Geste. Diese Geste weist auf einen konkreten, weit entfernten Punkt im Raum. Sie zeigen auf etwas Konkretes und dorthin senden Sie das ‚Hey'. Also das ‚Ha-Ha-Ma' nach innen und das ‚Hey' zu einem spezifischen Punkt im Raum. ‚Ha-Ha-Ma – Hey'. Hervorragend, noch fünf Mal.

Wenn Sie senden wollen, wenn Sie sich mitteilen wollen, dann ist das ‚Hey' ein sehr wichtiger Bestandteil davon, sich zu artikulieren und nach draußen zu senden, nach draußen zu kommunizieren."

Technische Hinweise

- **Vortragssetting:** Jedes
- **Zeitpunkt:** Jederzeit
- **Publikumsbeteiligung:** Alle
- **Spielhaltung:** Klare Anweisung/Einladend/Ruhig
- **Dauer:** 4 Minuten
- **Inspiration:** Ed Bordo

Schokolade

Ziel

Seine individuelle Stimme finden.

Übungsbeschreibung

„Stellen Sie sich kurz mal hin, stehen Sie auf, hervorragend, sehr genau, schütteln Sie sich ein bisschen aus. Widmen wir uns mal kurz unserer Stimme. Stellen Sie sich dafür jetzt etwas sehr Leckeres zu essen vor, vielleicht ein Stück besondere Schokolade oder ein richtig leckeres Stück Steak, was immer Sie wirklich gerade jetzt gerne essen mögen. Stellen Sie sich vor, wie Sie es essen. Stellen Sie sich vor, wie Sie es zerschmelzen, zerkauen in Ihrem Mund, tun Sie das wirklich, also auch pantomimisch. Kauen Sie so ein bisschen auf diesem leckeren Essen herum. Ja, genau so. Und aus diesem Gefühl von ‚Oh, das schmeckt richtig gut!', lassen Sie ein ‚Mmmh!' kommen. ‚Mmmh, das schmeckt lecker!', ‚Mmmh, ja!' Genau. Und jetzt noch mal.

Stellen Sie sich das vor und machen Sie ‚Mmmh!'. Und wenn Sie das jetzt noch ein paar Mal machen, machen Sie damit weiter, immer dieses Vorstellen, kauen, ‚Mmmh'.

Dann hören Sie Ihrer eigenen Stimme mal zu, während Sie das tun. Machen Sie das noch ein paar Mal und hören Sie sich selber zu, wie Sie schmecken und ‚Mmmh!' sagen.

Denn das, was Sie da jetzt gerade tun, diese Stimmlage, die in diesem ‚Mmmmmmhhh!' liegt, das ist die sogenannte Indifferenzlage. Ein sehr entspannter Zustand für die Stimme, in der sie sich ganz wenig anstrengen muss. Meistens ist sie einen Tick tiefer als unsere normale Stimme. Und das ist die Stimmlage, in der wir am überzeugendsten sind, in der wir entspannt sind, in der wir am lautesten und klarsten sprechen können.

Machen Sie mit, genießen Sie diesen Zustand noch ein-, zweimal. Und jetzt machen Sie aus diesem kauenden, schmeckenden ‚Mmmh!' ein Wort mit ‚Mmmh!', so was wie ‚Marmelade', oder ‚Makkaroni'. Aus dem ‚Mmmh!' wird ein Mmmh-Wort. Super.

Das ist eine Übung, die sich sehr gut fürs stille Kämmerlein vor einer Rede eignet, um die Stimme so ein bisschen weicher und entspannter und damit auch kräftiger zu bekommen. Sie hilft auch gegen Heiserkeit."

Variation

Man kann auch etwas real Leckeres austeilen (Schokolode etc.).

Technische Hinweise

- **Material:** Gegebenenfalls Schokolade
- **Vortragssetting:** Jedes
- **Vorbereitung:** Eventuell Schokolade austeilen
- **Zeitpunkt:** Jederzeit
- **Publikumsbeteiligung:** Alle
- **Spielhaltung:** Klare Ansage/Einladend
- **Dauer:** 3 Minuten
- **Inspiration:** Isabel García

Daumen-Sprech

Ziel

Diese Methode sorgt für eine saubere Aussprache im Eilverfahren.

Übungsbeschreibung

„Ich darf Sie bitten, wenden Sie sich Ihrem Nachbarn zu und sagen Sie ihm ein paar Sätze, die Sie öfter zur Begrüßung verwenden, vielleicht stellen Sie sich vor. ‚Schönen guten Tag', ‚Hallo', ‚Mein Name ist …', ‚Herzlich willkommen hier zu …' wechselseitig. Und Sie hören einfach sich selber zu und Ihrem Partner. 30 Sekunden, los geht's."

30 Sekunden ist immer subjektiv, ich mache das meistens länger. Aber 30 Sekunden hört sich immer kurz genug an, dass jeder mitmacht.

„Gut, okay. Dann darf ich Sie jetzt bitten, Ihren Daumen zu nehmen und ihn quer zwischen die vorderen Zähne zu stecken. So, dass das erste Daumengelenk hochkant, genau, zwischen den Zähnen ist, ganz locker. Und jetzt sagen Sie den Text, den Sie gerade zu Ihrem Partner gesagt haben, noch ein paar Mal, aber mit dem Daumen im Mund. Das fühlt sich ein bisschen seltsam an. Ja, das ist so ein bisschen wie Korkensprechen. Korkensprechen kennen Sie vielleicht von Schauspielern, der Daumen ist jetzt sozusagen der Korken, den man immer mit dabei hat. Die Lippen schließen sich wirklich um den Daumen herum. Sprechen Sie noch einmal mit dem Daumen im Mund. Dann nehmen Sie jetzt den Daumen weg und wiederholen Sie den Text noch mal zu Ihrer Partnerin.

Sie werden hören, dass die Stimme, der Stimmansatz, der Sprechansatz jetzt weiter vorne an den Lippen ist, dass die Sprache ein bisschen klarer ist, ein bisschen deutlicher. Jetzt sitzt Ihre Artikulation. Kurz vor dem Auftritt, wenn man irgendwo ein ruhiges, stilles Eck hat, ist das eine Möglichkeit, die Aussprache so richtig in den Griff zu bekommen. Schnell und effektiv."

Technische Hinweise

- **Vortragssetting:** Jedes
- **Zeitpunkt:** Jederzeit
- **Publikumsbeteiligung:** Alle
- **Spielhaltung:** Klare Ansage/Einladend
- **Dauer:** 5 Minuten
- **Inspiration:** Daniela Längenfeld
- **Video:** Das Video zur Übung finden Sie unter den Downloadressourcen. Sie können über den Link zugreifen, der auf S. 6 angegeben ist.

Zeit schätzen im Hinsetzen

Ziel

Nach einem Aha-Moment reflektiert das Publikum über das Vermögen, eine Zeitdauer vorab einzuschätzen.

Übungsbeschreibung

Die Teilnehmer sollen sich in einer vorgegebenen Zeit hinsetzen, um ihr eigenes Zeitgefühl zu reflektieren. Das kann man folgendermaßen anmoderieren:

„Die Zeit für eine Aufgabe zu schätzen, kann ganz schön anspruchsvoll sein, besonders, wenn man die Aufgabe noch nie bewusst und auf Zeit durchgeführt hat. Wir probieren es mal aus.

Stehen Sie doch bitte auf und heben Sie bitte Ihre Hände hoch. Damit ist Ihre Uhr außer Sichtweite. Ja, danke.

Ihre Aufgabe ist es jetzt, sich genau zehn Sekunden lang hinzusetzen. Bitte versuchen Sie, die zehn Sekunden auf den gesamten Vorgang des Hinsetzens gleichmäßig zu verteilen. Ich gebe Ihnen gleich das Startsignal. Los!

… Und stopp. Sitzen Sie schon? Stehen Sie noch? Sehen Sie sich mal um, wer die Zeit für das Hinsetzen gut geschätzt hat.“

Variation

Als Startsignal können Sie mit einem Gegenstand Geräuschsignale geben. Je nach Raumgröße und Publikumsanzahl können Sie lautere Varianten wie Klingel, Fahrradhupe, Trillerpfeife, Buzzer oder leisere

Varianten wie Klangschale, Zimbel oder Gong verwenden.

Die Teilnehmer können auch die Aufgabe bekommen, in einer bestimmten Zeit eine bestimmte Strecke zu gehen. Die Strecke sollte der Moderator in jedem Fall vorher mit Stoppuhr ausprobieren.

Technische Hinweise

- **Material:** Eine Stoppuhr, gegebenenfalls ein Klanggegenstand
- **Vortragssetting:** Sitzen
- **Zeitpunkt:** Immer
- **Publikumsbeteiligung:** Alle
- **Spielhaltung:** Spielerisch
- **Dauer:** 4 Minuten
- **Inspiration:** Gaston Florin

1, 2, 3

Ziel

Eine entspanntere Haltung gegenüber sich selbst und anderen.

Übungsbeschreibung

Das folgende kleine Spiel funktioniert sowohl im Sitzen als auch im Stehen:

„Ich darf Sie jetzt mal bitten, dass Sie sich zu zweit zusammenfinden. Suchen Sie sich einen Partner, der neben Ihnen sitzt oder vor oder hinten Ihnen.

Gut, im ersten Level zählen Sie immer abwechselnd bis drei. Also der Erste sagt eins, der Zweite zwei, der Erste sagt drei, der Zweite sagt dann eins, und immer so weiter. Genau, hervorragend, also immer eins, zwei, drei, eins, zwei, drei, eins, zwei, drei. Sehr gut. Ich merke schon, das klappt gut, vielen Dank."

Level Nr. 2: *„Bei der ‚Eins' haben Sie jetzt die Wahl, entweder Sie sagen ‚Eins' oder Sie reißen beide Hände nach oben, ja, so wie bei ‚Hände hoch'. Also entweder Sie sagen ‚Eins', oder beide Hände gehen nach oben, das heißt entweder das eine oder das andere, und zwar jedes Mal von neuem. Das probieren wir mal 30 Sekunden lang aus."* 30 Sekunden bedeutet, solange wie die Gruppe Spaß und Energie hat.

Level 3: *„Bei der ‚Eins' bleibt die Entscheidungsfreiheit zwischen ‚Eins' oder ‚Hände hoch'. Und bei ‚Zwei' sagen Sie jetzt entweder ‚Zwei' oder Sie verschränken die Arme. Ja, also entweder verschränken oder ‚Zwei' sagen. Das heißt, Sie haben jetzt zweimal die Wahlmöglichkeit, bei der Eins und bei der Zwei. Und los geht's. Bereiten Sie Ihrem Partner Spaß."*

Level 4: *„Jetzt haben Sie die Wahlmöglichkeit bei der Nummer Drei. Entweder Sie sa-*

gen ‚Drei' oder Sie nennen den Namen einer berühmten Persönlichkeit. Dieser Name darf aber jeweils nur einmal vorkommen, nicht öfter. Es darf kein Name wiederholt werden. Jedes Mal muss ein neuer prominenter Name genannt werden, oder man sagt eben ‚Drei'. Bei der Eins ist die ‚Eins' oder ‚Hände nach oben', bei der Zwei ist die ‚Zwei' oder ‚Arme verschränken' und bei der Nummer Drei ist es eben die ‚Drei' oder ein Prominentenname. Los geht's. Hervorragend."

Was die Auswertung des Spieles betrifft, wird bei dem Spiel dreierlei trainiert. Zum ersten die Flexibilität, um schnell Entscheidungen zu treffen. Zum zweiten, mit dem Scheitern freudvoll umzugehen und zum dritten die Tatsache, dass man es sich mitunter auch leicht machen kann. Jeder kann auch mal die leichte Variante wählen und trotzdem gemeinsam im Rhythmus bleiben – um dann wieder ins Risiko zu gehen.

Variation

Im Stehen kann das Spiel auch gespielt werden. Da wird dann bei der Eins gehüpft oder ‚Eins' gesagt, bei der Zwei leicht in die Knie gegangen, eine kleine Kniebeuge gemacht oder ‚Zwei' gesagt und die Drei würde dann auch hier mit dem Prominentennamen belegt werden.

Technische Hinweise

- **Vortragssetting:** Jedes
- **Zeitpunkt:** Ab dem zweiten Drittel
- **Publikumsbeteiligung:** Alle in Zweiergruppen
- **Spielhaltung:** Klare Ansage/Verspielt
- **Dauer:** 4 Minuten
- **Inspiration:** The Crumps: World Class Freestyle Comedy Impro Theater

Händetanz

Ziel

Führungskonzepte werden besprechbar und auf der vereinfachten, körperlichen Ebene bewusst gemacht.

Übungsbeschreibung

„Finden Sie eine Partnerin. Stellen Sie sich so hin, dass Sie Ihre Handflächen fast an die Handflächen Ihrer Partnerin legen können. Dazwischen bleibt ein kleiner Abstand von zwei Zentimetern, ohne wirkliche Berührung. Gut so.

Die Größere von Ihnen beginnt, macht kleine Bewegungen nach rechts und links und Ihre Partnerin folgt Ihnen. Ja, das wirkt so ein bisschen wie Fensterscheiben putzen. Sie können da mit dem Tempo spielen, mit rechts und links." Das dauert circa 1–2 Minuten.

„Und irgendwann übernimmt die kleinere Person, ohne dass Sie darüber sprechen. Die Kleinere übernimmt die Führung und leitet jetzt die Bewegung der Hände." Wieder circa 1–2 Minuten Zeit geben.

„Und irgendwann fließt die Führung wieder zurück zur größeren Person. Ganz allmählich kommen Sie in einen Zustand, wo die Führung immer hin- und herfließt. Von außen kann man das nicht mehr wirklich wahrnehmen, wer führt, wer folgt, weil die Führung hin- und herfließt zwischen Ihnen. Sie bekommen das nonverbal mit, wenn die Partnerin die Führung abgibt oder übernehmen möchte." Circa 1–2 Minuten, *„Vielen Dank.*

Tauschen Sie sich jetzt ein bisschen aus über Führung. Wie fühlt es sich an, geführt zu werden? Wie fühlt es sich an, zu führen? Und wie fühlt es sich an, wenn die Führung wechselt? Was war leicht? Was war schwer? Was hat es vielleicht mit Ihrem Berufsalltag zu tun?"

Technische Hinweise

- **Vortragssetting:** Stehen
- **Zeitpunkt:** Ab dem zweiten Drittel
- **Publikumsbeteiligung:** Zweiergruppen
- **Spielhaltung:** Klare Ansage
- **Dauer:** 10 Minuten
- **Inspiration:** Gudjons, Herbert (2003): Spielbuch Interaktionserziehung. Julius Klinkhardt, Bad Heilbrunn.

Lachen und Weinen

Ziel

Ein Energizer mit wechselnder Führungsrolle, der Spaß macht.

Übungsbeschreibung

„Suchen Sie sich einen Partner. Sie können sich hinsetzen oder auch zusammen stehen bleiben. Entscheiden Sie sich, wer A und wer B sein soll.

A ist derjenige, der lacht, und B ist derjenige, der weint. In der ersten Runde führt das Lachen. Das heißt, je intensiver A lacht, desto intensiver weint B. Je weniger A lacht, desto weniger weint B. Die Intensität wird von A geführt und von B durch das Weinen gespiegelt. Dafür gebe ich Ihnen 30 Sekunden Zeit, viel Vergnügen.

Vielen herzlichen Dank. Jetzt darf ich Sie bitten, die Führung zu wechseln, das heißt, jetzt führt B mit dem Weinen. Je intensiver B weint, desto intensiver lacht A, je weniger B weint, desto weniger lacht A."

Und natürlich kann man hier auch noch mal die Aufgabe von Lachen und Weinen tauschen. Das heißt, A ist jetzt der Weinende und B der Lachende.

Variation

Man kann den Spielern dazu auch die Aufgabe geben, sich über den letzten Urlaub, das Wetter oder die eigene Kücheneinrichtung zu unterhalten. Das erhöht die Absurdität und damit meist auch das Vergnügen.

Technische Hinweise

- **Vortragssetting:** Jedes
- **Zeitpunkt:** Jederzeit
- **Spielhaltung:** Klare Ansage/Spielerisch
- **Publikumsbeteiligung:** Zweiergruppen
- **Dauer:** 4 Minuten

Einfühlungs-Spiegel

Ziel

Die Übung schult Empathiefähigkeit und macht den Zusammenhang zwischen emotionaler Haltung und körperlicher Haltung sehr schön erlebbar.

Übungsbeschreibung

„Suchen Sie sich eine Partnerin. Entscheiden Sie, wer A und wer B sein soll. Die, die jetzt A sind, überlegen sich eine Emotion, eine emotionale Stimmung, ein bisschen glücklich, überglücklich, traurig, wütend, genervt, freudig, was auch immer. Und finden Sie eine körperliche Haltung, die dem Gefühl Ausdruck gibt. Fühlen Sie sich in diese Emotion ein bisschen hinein, erinnern Sie sich vielleicht daran und bleiben Sie in der gefundenen Haltung. Als würden Sie ein Denkmal für diesen Zustand darstellen. Sehr schön.

B spiegelt jetzt diese Haltung, nimmt also die genau gleiche Haltung ein wie A. Jetzt versucht B, rauszukriegen, welche Emotion A sich ausgesucht hat. Als B gehen Sie also in genau die gleiche körperliche Position wie Ihre Partnerin. In 80% der Fälle bekommt man so eine Ahnung über den Zustand, in dem die Partnerin steckt.

Wenn Sie es ungefähr haben, dann tauschen Sie die Aufgabe. Das heißt, B sucht sich jetzt einen emotionalen Zustand aus, verliebt, verärgert, hungrig, was auch immer. Und gibt dem Zustand einen körperlichen Ausdruck, wie eine Statue. A spiegelt die Statue und jetzt versucht A, zu spüren, an welchen emotionalen Zustand B gedacht hat.

Wenn beide dran waren, dann tauschen Sie sich kurz über diese Erfahrung aus."

Variation

Für dieses Spiel gibt es zwei Varianten. Zum einen so wie eben beschrieben, mit einem fiktiven emotionalen Zustand. Alternativ können die Teilnehmer aber auch den emotionalen Zustand einnehmen, in dem sie sich tatsächlich gerade befinden.

Technische Hinweise

- **Vortragssetting:** Jedes
- **Zeitpunkt:** Im letzten Drittel
- **Publikumsbeteiligung:** Alle
- **Spielhaltung:** Klare Ansage/Ruhig
- **Dauer:** 20 Minuten
- **Inspiration:** Gudjons, Herbert (2003): Spielbuch Interaktionserziehung. Julius Klinkhardt, Bad Heilbrunn.

Blockaden

Ziel

Diese Übung lockert, schafft Kontakte und macht motivierende und demotivierende Kommunikation erlebbar.

Übungsbeschreibung

„Wählen Sie sich bitte einen Partner. Entscheiden Sie: Wer von Ihnen ist A und wer ist B?

In der ersten kleinen Runde darf ich Sie bitten, sich zusammen ein nettes Projekt zu suchen, zum Beispiel ein gemeinsames Essen kochen, einen Urlaub planen, einen Garten anlegen, ein Haus bauen, irgendwas, woran Sie Spaß haben.

Jetzt sprechen Sie über dieses Projekt und sowohl A als auch B beginnen jeden Satz, jede Antwort mit ‚Ja, genau'. Ein sehr enthusiastisches ‚Ja, genau'. Enthusiastischer, als Sie es vielleicht im Alltag machen würden. Unterhalten Sie sich über Ihr Projekt für ungefähr 30 oder 40 Sekunden. Und bitte schön ... Gut.

Jetzt darf ich Sie bitten, an dem Projekt weiterzustricken, aber A sagt nach wie vor ‚Ja, genau' – während B jetzt am Anfang des Satzes sagt ‚Nein, aber ...', oder ‚Nein, weil ...'. Und ich darf Sie bitten, an dem Projekt weiterzuarbeiten. Los geht's.

Vielen Dank, jetzt einmal kurz Rollen tauschen. Das heißt, die As sagen ‚Nein, weil ...' und die Bs sagen ‚Ja, genau'. Die Neinsager, also die As, bitte etwas demotiviert, die Bs ein bisschen motivierter als normal. Und Bitteschön.

Vielen herzlichen Dank. Und zu guter Letzt darf ich Sie bitten, dass sowohl A als auch B immer mit ‚Nein, weil' antworten, auf alles was der Partner sagt. Hervorragend.

Nehmen Sie sich einen kurzen Moment Zeit, um innerlich zu rekapitulieren, was da gerade passiert ist und wie es sich anfühlt. Jetzt, ganz zum allerallerletzten Mal, gehen Sie noch mal zum Anfang zurück, zu Ihrem Projekt, und machen Sie noch mal für 30 Sekunden, ‚Ja, genau …', so richtig enthusiastisch.

Hervorragend, vielen Dank. Halten wir einen kurzen Moment inne. Was haben Sie gelernt? Was hat das mit Ihrem Alltag zu tun? Tauschen Sie sich darüber mit Ihrem Partner kurz aus."

In der Auswertung kann man danach fragen, wie es sich anfühlt, immer bestätigt zu werden. Was passiert da mit der Kreativität, den Einfällen? Mit dem enthusiastischen „Ja, genau" fällt es leichter, kreativ zu sein, die Zusammenarbeit macht Freude und das gemeinsame „Projekt" gedeiht mit großer Leichtigkeit. Wenn aber einer blockt, wird es sehr anstrengend und wenn beide blocken, wird es unmöglich. Mitunter ist es sehr ergiebig, die Ergebnisse dieser Diskussion in der Gesamtgruppe zu teilen.

Technische Hinweise

- **Vortragssetting:** Jedes
- **Zeitpunkt:** Jederzeit
- **Publikumsbeteiligung:** Alle
- **Spielhaltung:** Klare Ansage/Einladend
- **Dauer:** 5–20 Minuten
- **Inspiration:** Keith Johnstone/Eva Ullmann (Deutsches Institut für Humor)

Mantra

Ziel

Es wird klar, wie mächtig unsere Gedanken in der alltäglichen Kommunikation wirken.

Übungsbeschreibung

„Wir machen jetzt ein kleines Experiment zum Thema ‚Die Macht unserer Gedanken'. Dafür suchen Sie sich zuerst einmal eine Partnerin, Ihre Sitzpartnerin, ja, oder den Menschen vor Ihnen oder hinter Ihnen, immer zu zweit. Hervorragend.

Und jetzt, im ersten Schritt, darf ich Sie bitten, dass Sie sich einen Satz aus einem Kinderlied überlegen. Also so etwas wie ‚Alle meine Entchen schwimmen auf dem See' oder ‚Hänschen klein ging allein', etwas in der Art. Schauen Sie Ihre Partnerin an und denken Sie sich dabei diesen Satz immer und immer wieder. Wiederholen Sie diesen Satz in Ihrem Kopf, bis er für Sie sehr groß wird und sehr laut. Stellen Sie sich vor, er wird in Ihrem Kopf immer größer und lauter. Genauso! Man sollte aber von außen nicht sehen, dass Sie den Satz denken, also nicht rhythmisch mitgehen. Sie denken den Satz, immerfort, die ganze Zeit, ohne Unterlass. Sehr gut.

Denken Sie diesen Satz weiterhin, ohne Unterlass, immerfort. Dieser Satz ist das Wichtigste, was auch immer jetzt gleich passiert. Versuchen Sie jetzt, sich dabei gleichzeitig mit Ihrer Partnerin über Ihren letzten Urlaub zu unterhalten. Also über Sardinien oder Venezuela oder wo auch immer Sie im letzten Urlaub waren – und denken Sie dabei immer gleichzeitig den Satz. Ich sage Ihnen vorher: Sie werden kaum in der Lage sein, richtig fließend zu sprechen oder grammatikalisch korrekt zu sein. Denn es ist sehr schwer, gleichzeitig etwas zu denken und etwas anderes zu sprechen. Legen Sie bitte ab jetzt los, für ungefähr 30, 40 Sekunden. Viel Vergnügen."

Während alle darum kämpfen, ein Gespräch zu führen, sucht man ein Team, das wirklich schwer darum kämpft, ein Gespräch zu führen.

„Hervorragend. Dann darf ich Sie bitten, mit Ihrer Aufmerksamkeit wieder zu mir zu kommen. Ich suche mir mal zwei Leute aus. Darf ich Sie bitten und Sie, kommen Sie zu mir nach vorne."

Die Zuschauer werden auf die Bühne geholt und setzen sich auf zwei Stühle in der Mitte der Bühne. Die Stühle sind in einem 45°-Winkel schräg einander zugewandt. Ich bleibe als Moderator immer in der Nähe der „Freiwilligen". Ich gehe auch oft in die Hocke, damit sie sich möglichst wohlfühlen. Im Folgenden spreche ich immer sowohl zu den Zuschauern als auch zu den Freiwilligen.

„Das ist eine Übung aus dem Schauspiel, sie nennt sich Mantra-Spiel. Setzen Sie sich bitte so, dass sie einander nur ein bisschen angucken können. Genau, so ein bisschen in V-Form. Hervorragend. Und denken Sie jetzt noch mal an den Satz, machen Sie ihn groß und laut in Ihrem Kopf.

Wenn Sie das nicht schon tun, dann schauen Sie Ihre Partnerin jetzt an und denken Sie den Satz. Ich lasse Sie jetzt sofort noch mal Ihren kleinen Dialog über den Urlaub aufgreifen. Und ich darf Sie bitten, diesen Satz im Kopf wichtiger zu nehmen als den Text, den Sie sprechen."

Zum Publikum: *„Sie stellen sich gleich vor, was Sie in diese Szene hineininterpretieren würden."* Zu den Freiwilligen: *„Beginnen Sie bitte."*

Ich warte darauf, dass die Konzentration steht, coache unter Umständen noch mal nach und lege den Fokus auf das Mantra.

Wenn die Konzentration der Freiwilligen steht und die Konversation läuft, gebe ich das Zeichen und gehe ein Stück zur Seite.

„Und der Vorhang geht auf." Die Szene der Probanden läuft ca. 30–90 Sekunden.

„Danke schön. Was haben Sie bemerkt? Wie würden Sie die Beziehung der beiden beschreiben, wenn wir nicht wüssten, was sie tun? Was wäre unser Eindruck, wenn das eine Theaterszene gewesen wäre?

Ja, so ein bisschen wie unter Drogen. Ah, ah, interessant. Das war so stockend. Hatten Sie denn unter Umständen eine leichte Beziehung oder eine schwere?

Eher eine schwere. Also sind viel Emotionen im Spiel oder eher wenig? Was würden Sie denken? Roboter. Viele Emotionen. Da gibt es unterschiedliche Meinungen.

Man kann jetzt diesen ‚innerlichen Satz' auch noch einfärben. Ich habe hier zwei Karten vorbereitet. Eine zeige ich Ihnen jetzt. Das ist ab sofort Ihr Satz."

Ich zeige den beiden Freiwilligen die erste Karte. *„Okay, wiederholen Sie jetzt innerlich diesen Satz, während Sie miteinander sprechen."*

Die Freiwilligen werden jetzt mit dem neuen Satz wieder in die Übung gecoacht. Und setzen dann auch ihre Unterhaltung für einen kurzen Zeitraum fort, ca. 30–40 Sekunden – so lange, dass die Wirkung des Satzes für möglichst alle deutlich wird.

„Okay, kurz aussteigen. Ich gebe Ihnen noch mal einen anderen Satz." Nun zeige ich den Freiwilligen die zweite Karte und coache die beiden wieder in die Übung.

„Denken Sie den Satz, machen Sie ihn in Ihrem Kopf laut. Er füllt Ihr gesamtes Bewusstsein aus. Sie schauen sich Ihren Partner an. Sie gewöhnen sich daran, diesen Satz zu denken. Und jetzt fahren Sie mit der Unterhaltung noch einmal für 20, 30 Sekunden fort."

Auch hier richtet sich die Länge danach, wann die Wirkung des Satzes für den Rest des Publikums spürbar werden konnte. Lieber die Freiwilligen ein paar Sekunden länger sprechen lassen.

„Vielen Dank. Ein riesiger Applaus erst mal für unsere beiden hier vorne.

Was haben Sie wahrgenommen? Gab es einen Unterschied zwischen dem ersten Satz und dem zweiten Satz?

Der eine ist ein bisschen heller. Der andere ist ein bisschen dunkler. Was könnten sie gedacht haben? Der erste war eher negativ, ja. Der zweite eher positiv, genau.

Der erste Satz lautete ‚Ich hasse Dich'. Der zweite Satz lautet ‚Ich liebe Dich!'. Ist es nicht unglaublich, dass wir alle den Unterton wahrnehmen können, obwohl die beiden diese Sätze nur im Kopf gedacht haben?

Wir brauchen keine Mentalisten aus dem Fernsehen, um Gedanken lesen zu können. Wir können das alle. Wenn ich etwas über eine Person denke, dann kann diese Person das sehen und wahrnehmen. Vielen Dank erst mal, ein riesiger Applaus für Sie."

Ich benutze diese Technik, wenn ich zum Beispiel in Verkaufsgespräche hineingehe oder in wichtige Verhandlungen. Einen positiven Gedanken wie „Ich liebe Dich"

Ein Mantra benutze ich auch als emotionalen Espresso. Das heißt, wenn ich gleich gut gelaunt auf der Bühne sein muss, nehme ich mir das „Ich liebe Dich!" oder einen Satz, der ähnlich positiv ist: „Ich habe Spaß, heute hier zu sein!", „Wunderbar, dass Sie alle heute da sind.", „Unglaublich toll, heute hier für Sie arbeiten zu dürfen."

immer im Kopf zu haben, befreit mich davon, Angst zu haben, und davon, negativ über mein Gegenüber zu denken. Der positive Gedanke sorgt dafür, dass erst mal die Stimmung heller ist, meine Ausstrahlung netter ist und dass die Kommunikationsspirale Richtung positiv losgeht. Demgegenüber triggert ein inneres Mantra wie „Ich finde Dich doof" oder „Ich habe keine Lust" die Kommunikationsspirale natürlich in die Gegenrichtung, ins Negative hinein.

Solche Sätze kann man sehr passgenau auf sich und seine Bedürfnisse abstimmen. Damit lässt sich der Boden bereiten, die Atmosphäre im Raum positiv zu gestalten, damit man leichter und schöner arbeiten kann.

Wenn man solche Sätze formuliert, sollten sie in Ich-Form und im Präsens formuliert sein und aktiv.

Wir Menschen können immer nur in eine emotionale Richtung denken und diesen Gedanken kann ich bei mir beeinflussen. Ich kann also negative Gedanken durch positive ersetzen und mir und meinem Gegenüber das Leben erleichtern.

Technische Hinweise

- **Material:** Zwei Stühle auf der Bühne
- **Vortragssetting:** Jedes
- **Zeitpunkt:** Ab der Mitte
- **Publikumsbeteiligung:** Alle in Zweiergruppen und zwei Freiwillige
- **Spielhaltung:** Einladend/Ruhig/Liebevolle Aufmerksamkeit
- **Dauer:** 25 Minuten
- **Inspiration:** Keith Johnstone
- **Video:** Das Video zur Übung finden Sie unter den Downloadressourcen. Sie können über den Link zugreifen, der auf S. 6 angegeben ist.

Statue

Ziel

Die Teilnehmer nehmen stressfrei wahr, dass viele Möglichkeiten bestehen können. Sie finden Umsetzungsmöglichkeiten und akzeptieren Angebote.

Übungsbeschreibung

„Suchen Sie sich bitte einen Partner. Entscheiden Sie, wer von Ihnen A sein soll und wer B.

A beginnt als Statue. Das heißt, er nimmt eine Körperhaltung ein und friert dann erkennbar ein, bleibt stehen, sodass sein Kollege weiß: Jetzt ist er fertig. B schaut sich dann diese Statue an.

Sehr schön. Wenn Sie jetzt Ihren Partner betrachten und der die Statue gibt, dann haben Sie zwei Möglichkeiten. Entweder Sie sagen laut und deutlich ‚danke schön', oder Sie sind inspiriert von dieser Statue. Sie haben eine Idee, wen die Statue darstellt oder wo diese Person ist oder was sie gerade tut. Dann formulieren Sie aus dieser Inspiration heraus einen Satz, der eine Szene beginnt oder der zu dieser Statue passt. Also wenn da zum Beispiel jemand mit verschränkten Armen steht, inspiriert Sie das vielleicht dazu, zu sagen: ‚Entschuldigung, ich habe meine Hausaufgaben noch nicht gemacht, aber morgen bestimmt.' Und dann wechseln Sie wieder die Rollen. Das heißt, Sie haben diesen Satz gesagt, werden jetzt ihrerseits zu einer Statue und Ihr Partner kann jetzt entweder sagen, „danke schön!", oder aber er sagt einen Satz, zu dem diese Statue ihn inspiriert.

Das geht ungefähr, ein bis zwei Minuten, dabei wünsche ich Ihnen viel Vergnügen, bis gleich, los geht's."

Hier können Teilnehmer entdecken, dass uns Menschen immer eine Idee kommt – vor allem dann, wenn wir nicht unter Druck stehen, eine haben zu müssen.

Teilnehmer diskutieren hier auch oft darüber, wie versiert wir darin sind, Körpersprache zu lesen. Denn es zeigt sich auch, dass wir manchmal zu derselben Körperhaltung völlig unterschiedliche Interpretationen haben können – dass die Welt also voller Diversität steckt.

Variation

Als Vorübung stellen beide Partner abwechselnd eine Statue dar, die erst mal einfach nur mit „danke schön" kommentiert wird.

Technische Hinweise

- **Vortragssetting:** Jedes
- **Zeitpunkt:** Jederzeit
- **Publikumsbeteiligung:** Zweiergruppen
- **Spielhaltung:** Verspielt/Klare Ansage/ Hohe Energie
- **Dauer:** 4 Minuten
- **Inspiration:** Keith Johnstone
- **Video:** Das Video zur Übung finden Sie unter den Downloadressourcen. Sie können über den Link zugreifen, der auf S. 6 angegeben ist.

Marionette

Ziel

Spielerisch wird Verantwortung abgegeben und Verantwortung übernommen. Mit mehreren Führungspunkten zu arbeiten, erfordert Flexibilität.

Übungsbeschreibung

„Suchen Sie sich bitte eine Partnerin und stellen sich zusammen hin. Die eine ist die Marionettenspielerin, die andere ist die Marionette.

Das ist eine ganz besondere Marionette, denn wenn die Marionettenspielerin zum Beispiel den Handrücken der Marionette berührt, dann entsteht dort ein unsichtbarer Faden, und Sie können an diesem Faden, der ungefähr 20, 30 Zentimeter lang ist, die Marionette ein bisschen durch die Gegend führen. Wenn Sie dann den Handrücken noch einmal leicht berühren, dann geht der Faden wieder weg. Und Sie können als Nächstes zum Beispiel den linken Ellenbogen oder die rechte Schulter berühren und diese ganz vorsichtig ein bisschen bewegen, rauf- und runterführen, genau.

Achten Sie bitte auf die anatomisch korrekte Benutzung Ihrer Marionette. Sorgen Sie für den Spaß und die Freude Ihrer Partnerin, für 60 Sekunden. Los geht's.

Und jetzt tauschen Sie die Rollen."

Man kann die Marionette auch an zwei Punkten gleichzeitig führen, zum Beispiel an der linken Hand und der rechten Schulter gleichzeitig. Je nach Sitzmöglichkeit oder Sitzordnung kann man auch ein Knie benutzen. Der Fantasie sind theoretisch keine Grenzen gesetzt.

Technische Hinweise

- **Vortragssetting:** Jedes
- **Zeitpunkt:** Jederzeit
- **Publikumsbeteiligung:** Zweiergruppen
- **Spielhaltung:** Einladend/Liebevolle Aufmerksamkeit
- **Dauer:** 5 Minuten

Status

Ziel

Körpersprachliche Dominanzsignale werden erlebt.

Übungsbeschreibung

„Suchen Sie sich einen Partner und suchen Sie sich aus, wer A sein soll und wer B.

Die As darf ich bitten, in der folgenden kleinen Konversation den Blick zu unterbrechen, also immer wegzugucken, aber immer wieder zu überprüfen, ob der andere noch schaut. Sollte er noch schauen, schauen Sie wieder weg. Da ist immer wieder Blickkontakt, ich gucke weg, ich gucke noch mal hin, wenn er noch guckt, gucke ich wieder weg. Und ich darf Sie bitten, dass die As sich dabei auch immer wieder selbst berühren, an der Kleidung oder an den Haaren oder im Gesicht.

Die Bs darf ich bitten, dass Sie den Blickkontakt halten und versuchen, körperlichen Kontakt zu Ihrem Gegenüber aufzunehmen. Also ihn an der Schulter anzufassen, an der Kleidung, an den Haaren, an der Brille. Wenn Sie so weit gehen wollen, dann probieren Sie auch ruhig aus, ihn im Gesicht zu berühren, aber mit einer Begründung, mit einer Rechtfertigung, warum Sie das tun.

Das Gesprächsthema ist das letzte leckere Essen, das Sie in den letzten ein bis zwei Wochen gegessen haben. Ich wünsche viel Vergnügen, los geht's.

Vielen herzlichen Dank.

Dann darf ich Sie bitten, das Verhalten zu tauschen. Das heißt, diejenigen, die den Blick am Anfang weggenommen haben, die As, halten jetzt den Blickkontakt und suchen Körperkontakt zu ihrem Gegenüber, versuchen auch, den Kopf des Gegenübers mal zu berühren. Und jetzt schauen die anderen weg, die Bs, wenn sie angesehen werden, gucken aber sofort noch mal nach, ob sie immer noch angeguckt werden. Und sie berühren sich selbst, an der Kleidung, im Gesicht oder an den Haaren. Sie können gerne noch ein bisschen weiterreden über das letzte leckere Essen. Los geht's.

Vielen herzlichen Dank. Gut so.

Probieren wir noch was Neues: Die As bitte ich jetzt, beim Gespräch am Anfang ihres Satzes ein langgezogenes ‚Ääääähm …' zu machen. Und wenn die As gestikulieren, machen Sie dabei möglichst symmetrische Gesten, bewegen also eher immer beide Arme und Hände gleich. Die Gesten und die Bewegung dürfen dabei ruhig auch so ein bisschen raumgreifend sein. Die Bs machen stattdessen in der Mitte eines Satzes kurze ‚… Ähms …'. Ihre Bewegungen sind asymmetrische Bewegungen und Sie nehmen sich dafür nur wenig Raum.

Das Thema Ihrer kleinen Konversation ist der letzte Kinofilm, den Sie im Kino oder im Fernsehen gesehen haben. Ich wünsche Ihnen viel Vergnügen, los geht's.

Und jetzt darf ich Sie auch hier bitten, das Verhalten zu tauschen. Die As, die eben bei Satzanfängen ein langgezogenes ‚Ääääähm …' gemacht haben, die machen jetzt kurze ‚… Ähms …' in der Mitte ihres Satzes, ihre Gesten sind dabei asymmetrisch mit wenig Raumgriff. Die Bs machen jetzt stattdessen ein lang gezogenes ‚Ähm …' am Anfang eines Satzes und machen große, symmetrische Gesten. Ich wünsche viel Vergnügen.

Sehr schön, danke. Was gab es zu lernen? Was gab es zu erkennen?"

Bei nicht ganz großen Gruppen kann man an dieser Stelle auch gut ins direkte Gespräch mit den Zuschauern kommen. Es geht hier um das Dominanzverhalten von Menschen, abhängig vom sogenannten Status. Es geht darum, wie wir in unserer alltäglichen Kommunikation über Körpergesten Souveränität und Dominanz vermitteln. Diese Wirkung ist dabei sowohl nach außen als auch von innen deutlich zu spüren.

Variation

Es kann auch einer der Partner den Kopf möglichst ruhig halten, während der andere den Kopf etwas stärker bewegt als normal.

Technische Hinweise

- **Vortragssetting:** Jedes
- **Zeitpunkt:** Ab dem zweiten Drittel
- **Publikumsbeteiligung:** Zweiergruppen
- **Spielhaltung:** Klar/Enthusiastisch
- **Dauer:** 6 Minuten
- **Inspiration:** Keith Johnstone

Status-Demo

Ziel

Die Teilnehmer erleben körpersprachliche Dominanzsignale und reflektieren über Zielerreichung.

Übungsbeschreibung

„Ich brauche jetzt einen Freiwilligen. Für das nächste kleine Experiment bitte ich Sie zu mir auf die Bühne. Wie ist Ihr Name? Xaver.

Xaver, ich darf Sie bitten, sich auf die eine Seite der Bühne zu stellen, also hier an den Rand. Hervorragend. Ich stelle mich auf der gegenüberliegenden Seite auf. Wir schauen einander an. Wir gehen jetzt gleich aufeinander zu. Sie halten den Kopf ruhig, Sie halten Blickkontakt. Sie weichen nicht aus. Ich mache dasselbe." Beide gehen los.

„Wir stellen uns dann gleich vor, dass hier zwei Männer irgendwo auf der Fußgängerzone unseres Landes unterwegs sind. Zwei Männer mit dem gleichen Weg in entgegengesetzter Richtung. Wir gehen jetzt aufeinander zu. Xaver, Sie halten Blickkontakt. Wir bleiben direkt voreinander stehen und Sie, liebe Zuschauer, achten darauf, was wohl als Nächstes passiert? Richtig. Einer von uns beiden wird umgerempelt oder bekommt eine gehauen. Und ich weiß auch schon, wer das ist, das bin nämlich ich, denn ich bin der Kleinere.

Ich darf Sie bitten, Xaver, dass Sie das Gleiche noch mal machen." Beide gehen los.

„Und ich darf Sie bitten, Ihr Verhalten nicht zu verändern. Das heißt, Sie halten Blickkontakt. Sie halten den Kopf ruhig. Sie bleiben auf dem Weg. Ich verändere mein Verhalten. Und los geht's. Und wir gehen aufeinander zu. Ich gucke zur Seite, ich gucke nach unten und weiche aus.

Vielen Dank Xaver, erst mal ein riesiger Applaus für Sie. Sie dürfen wieder Platz nehmen.

Jetzt könnte man sagen, Xaver hat gewonnen, denn ich bin ihm ausgewichen. Ich war schwächer als er. Ich habe den Blick weggenommen. Ich habe ihm nicht standgehalten.

Wenn man aber die Perspektive wechselt und wenn es jetzt darum geht, Ziele zu erreichen, dann haben wir beide gewonnen. Wenn das Ziel ist, dass ich auf die eine Seite der Bühne komme und Xaver auf die andere Seite, dann haben wir beide unser Ziel erreicht. Damit haben wir beide gewonnen.

Und deswegen hat die Natur uns mit einem Arsenal an körpersprachlichen Statussignalen ausgestattet, mit denen wir Konflikte schon im weiten Vorfeld vermeiden, denn es war und ist nach wie vor immer sehr riskant, Interessengegensätze immer konfrontativ und körperlich auszutragen. Wenn man sich sozusagen prügelt, nur weil man hier lang möchte. Und man verschleudert viel unnötige Energie. Beides ist nicht wirklich gut. Das heißt, der Status der immer und überall funktioniert, ist ein von der Natur sehr clever entwickeltes Instrumentarium, um sowohl Konflikte als auch Energieverschleuderung zu vermeiden. Dafür ist Status gut."

Technische Hinweise

- **Vortragssetting:** Jedes
- **Zeitpunkt:** Ab der Mitte
- **Publikumsbeteiligung:** Ein Freiwilliger
- **Spielhaltung:** Einladend/Liebevolle Aufmerksamkeit
- **Dauer:** 4 Minuten
- **Inspiration:** Keith Johnstone

Mentale Hände

Ziel

Das Publikum wird zu einer Gruppe und hat Spaß. Führung wird erlebbar gemacht.

Übungsbeschreibung

„Suchen Sie sich eine Partnerin. Wenden Sie sich Ihrer Partnerin zu, sodass Sie möglichst direkt voreinander stehen. Nehmen Sie jetzt die rechte Hand hinter den Rücken. Sie haben jetzt die Aufgabe, zwei Entscheidungen zu fällen. Die erste Entscheidung ist, wie viele Finger Sie ausstrecken, wenn Sie die Hand auf mein Zeichen nach vorne geben. Also entweder gar keinen, einen, zwei, drei oder vier oder alle fünf. Wie viele Finger von Ihnen und Ihrer Partnerin sind dann wohl insgesamt zu sehen? Das ist Ihre zweite Entscheidung, Sie treffen eine Annahme darüber, welche Zahl sich aus den potenziellen fünf Fingern Ihrer Partnerin und Ihren ausgestreckten Fingern ergibt.

Das heißt, Sie schätzen eine Zahl zwischen null und zehn und Sie sagen diese Zahl laut, wenn Sie beide die Hände nach vorne nehmen. Wenn jemand richtig liegt, das heißt, die richtige Zahl aller gezeigten Finger von sich und der Partnerin genannt hat, dann reißen Sie und Ihre Partnerin die Hände nach oben und rufen enthusiastisch ‚Yes!'.

Wir machen mal kurz eine kleine Übung für das ‚Yes!'. Darf ich Sie alle mal bitten, alle Hände nach oben zu nehmen und rufen Sie ‚Yes!'. Okay, gut. Jetzt nehmen alle die rechten Arme nach hinten und wir fangen an, auf die Plätze, fertig, los."

Das kann man beliebig oft wiederholen – mindestens aber dreimal oder bis ein paar „Yes-Rufe“ zu hören waren.

Nach dieser kleinen Schulung von Intuition und Risikobereitschaft kann im Gespräch thematisiert werden, dass Führung auch bedeutet, „blinde“ Angebote zu machen und sich auf seine Partnerin und ihre Denkweise einzulassen.

Technische Hinweise

- **Vortragssetting:** Jedes
- **Zeitpunkt:** Jederzeit
- **Publikumsbeteiligung:** Zweiergruppen
- **Spielhaltung:** Klar/Verspielt
- **Dauer:** 4 Minuten

Slow-Motion-Prügelei

Ziel

Ein achtsamer Energizer, der die Aufmerksamkeit für das Folgende wieder herstellt.

Übungsbeschreibung

„Finden Sie einen Partner rechts oder links von Ihnen. Sie können das im Stehen oder im Sitzen machen. Im Stehen ist es ein bisschen leichter. Sie dürfen jetzt mal das tun, was man normalerweise an dieser Stelle gar nicht tun darf, Sie dürfen sich ein bisschen prügeln, aber in Zeitlupe. Das heißt, wirklich ultra langsam. Und wenn Sie einen Treffer abbekommen, dann verzerren Sie wirklich das Gesicht wie in diesen Slow-Motion-Boxszenen, wo sich alles so verformt, so …“ (vormachen).

„Und da, wo der Treffer Sie trifft, da sieht man es auch. Sie kriegen einen Treffer an der Schulter, die Schuler geht zurück. Sie kriegen einen Treffer am Bauch, der Bauch zieht sich nach innen ein. Und immer schön abwechseln. Veranstalten wir eine kleine Prügelei in Slow Motion.“

Sie spielen dazu ein bisschen Slow-Motion-Musik. *„Los geht's, ich wünsche Ihnen viel Vergnügen.“*

Technische Hinweise

- **Vortragssetting:** Jedes
- **Vorbereitung:** Slow-Motion-Musik vorbereiten, zum Beispiel Gabrielle Roth and the Mirrors: Trance
- **Zeitpunkt:** Nach dem ersten Drittel
- **Publikumsbeteiligung:** Alle in Zweierteams
- **Spielhaltung:** Klar/Augenzwinkernd
- **Dauer:** 3 Minuten
- **Video:** Das Video zur Übung finden Sie unter den Downloadressourcen. Sie können über den Link zugreifen, der auf S. 6 angegeben ist.

Assoziationsball

Ziel

Das kreative Spiel bringt Menschen in Bewegung und schafft Kontakt.

Übungsbeschreibung

„Suchen Sie sich bitte einen Partner, wir machen ein kleines fiktives Ballspiel. Ich darf Sie bitten, sich einen imaginären, einen pantomimischen Ball gegenseitig erst mal nur zuzuwerfen. Entscheiden Sie, wie groß ist der Ball ist. Ja, und welche Distanz ist angemessen? Ah, ich sehe hier Medizinbälle, da vorne sehe ich einen Tennisball, hervorragend, sehr gut, entscheiden Sie sich einfach, ob es ein Volleyball ist oder ein Medizinball, genau.

Und jetzt verbinden wir mit dem Einander-diesen-Ball-Zuwerfen ein kleines Kreativitätsspiel. Das heißt, wenn ich jetzt loswerfe, werfe ich dem anderen mit dem Ball auch ein Wort zu, zum Beispiel ‚Feuerwehrauto'. Der andere fängt den Ball, wiederholt das Wort, also ‚Feuerwehrauto!', und nennt eine Assoziation dazu, wie ‚Wasser'. Und mit diesem Wort wirft er den Ball wieder zurück. Wenn ich den Ball jetzt wieder fange, wiederhole ich noch mal ‚Wasser' und antworte, den Ball zurückwerfend, mit ‚Flasche'. Der andere wiederholt das Wort ‚Flasche' und gibt weiter ‚Wein!'", „Wein!', ‚Fass!', ‚Fass!', ‚Brause!' und immer so weiter. Ich gebe Ihnen dafür 30, 40 Sekunden Zeit, los geht's."

Als Alternative kann man auch Vierergruppen bilden. In einer Theaterbestuhlung etwa mit zwei Paaren aus zwei Reihen als ein Viererblock. Wenn es eine Tischbestuhlung gibt, kann man den Ball ein bisschen weiter über den ganzen Tisch hinweg werfen.

Variation

Mit einem echten weichen Ball werfen (oder Luftballon). Man kann auch nur den zweiten Teil der Übung durchführen (also die Assoziationen nur sprachlich ohne Bewegung).

Technische Hinweise

- **Material:** Keines (oder viele weiche Bälle oder Luftballons)
- **Vortragssetting:** Jedes
- **Vorbereitung:** Keine (bzw. Bälle austeilen)
- **Zeitpunkt:** Jederzeit
- **Publikumsbeteiligung:** Alle in Zweier- oder Vierergruppen
- **Spielhaltung:** Klare Ansage/Verspielt/Einladend
- **Dauer:** 4–8 Minuten
- **Inspiration:** Keith Johnstone

Geschenke

Ziel

Die Leichtigkeit von Kommunikation wird erforscht.

Übungsbeschreibung

„Suchen Sie sich eine Partnerin. Bestimmen Sie, wer A sein soll und wer B.

A beginnt. Sie überreicht B ein Geschenk, ein pantomimisches Geschenk und sagt, was es ist. Und die andere Person nimmt es entgegen und sagt: vielen herzlichen Dank. Also zum Beispiel: Bitteschön, hier habe ich für Dich ein Schweizer Taschenmesser. – Oh, danke schön!

Und dann beginnt B und gibt A ein Geschenk, sagt, was es ist, und A bedankt sich. Das geht im Wechsel pingpongartig hin und her. Dafür brauchen Sie ungefähr 60 Sekunden. Dabei wünsche ich Ihnen viel Vergnügen und los geht's. Gut so.

Jetzt darf ich Sie bitten, das Gleiche mehr oder weniger zu wiederholen, mit einem entscheidenden Unterschied. Wenn A jetzt B das Geschenk gibt, dann definiert A das Geschenk nicht, sondern B. B bedankt sich also für das, was sie in diesem Geschenk sieht. Dabei kann es durchaus sein, dass in einem kleinen Geschenk etwas sehr Großes ist. Oh, vielen Dank für das wunderbare Nilpferd. Oder in einem großen Geschenk könnte auch etwas Winziges sein. Oh, wunderbar, eine Stecknadel, die wollte ich schon immer mal haben.

Auch das geht pingpongartig hin und her. Und ich wünsche Ihnen dabei viel Vergnügen, 60 Sekunden und los.

Gut, dann darf ich Sie jetzt bitten, kurz auszutauschen, was ist der Unterschied zwischen der ersten und der zweiten Version. Wo entsteht mehr Spielfreude? Wo entsteht mehr Kommunikation?"

Falls die Teilnehmer noch ein drittes Level vertragen, dann kann die Beschenkte nach Bedanken und Identifizieren des Geschenkes auch noch erzählen, wofür sie es gebrauchen kann.

Bei der Auswertung lässt sich herausstellen, dass es viel mehr Freude macht, wenn die Beschenkte definieren darf, was sie geschenkt bekommt, und wenn weniger Kontrolle von der Partnerin ausgeht. Je mehr Freiheit ich habe, desto mehr Spaß und Motivation gibt es für die meisten. Welche Entsprechungen gibt es dafür im beruflichen Alltag?

Technische Hinweise

- **Vortragssetting:** Jedes
- **Zeitpunkt:** Im letzten Drittel
- **Publikumsbeteiligung:** Zweiergruppen
- **Spielhaltung:** Einladend/Verspielt
- **Dauer:** 8 Minuten
- **Inspiration:** Keith Johnstone

Wider die Denkmütze

Ziel

Die Konzentration wird wiederhergestellt und das Publikum bekommt eine Atempause, um wieder Neues aufzunehmen.

Übungsbeschreibung

„Setzen Sie sich aufrecht hin und massieren Sie ein bisschen die Stirn, kneten Sie sie ruhig ein bisschen durch mit den Fingerspitzen. Zwischen den Daumen und Zeigerfingern kneten Sie jetzt die Augenbrauen ein bisschen durch, bis nach außen hin zum Ohr, massieren Sie um das Ohr herum, mit dem Handballen hinter dem Ohr kräftig reiben. Sehr gut.

Und dann kneten Sie auch die Ohren innen und außen. Ja. Massieren Sie auch noch den weichen Punkt am hinteren Schädel, da, wo man oft Kopfweh bekommt. Sehr gut. Wessen Frisur es zulässt, der greift noch mal richtig in die Haare hinein und bewegt die Kopfhaut mit den Haaren ein bisschen. Sehr gut. Und dann klopfen Sie noch mal den gesamten Bereich, den wir gerade massiert haben. Lassen Sie Ihre Finger wie Wassertropfen fallen. Ja, streichen Sie die Wassertropfen aus, nach hinten über den Nacken, rechts und links. Hier sammelt sich immer die Konzentration. Und diese Massage hilft, wieder Konzentration aufzubauen, wieder durchlässig zu werden, empfänglich zu werden für die neuen Inhalte, die jetzt für Sie bereitgestellt werden von …“

Technische Hinweise

- **Vortragssetting:** Jedes
- **Zeitpunkt:** Jederzeit
- **Publikumsbeteiligung:** Alle
- **Spielhaltung:** Einladend/Ruhig
- **Dauer:** 4 Minuten

Atmung beleben

Ziel

Die Übung dient der Konzentration und der Selbstwahrnehmung.

Übungsbeschreibung

Die nächste Übung geht am leichtesten im Stehen, man kann sie aber auch im Sitzen durchführen.

„Ich darf Sie bitten, erst mal aufrecht zu stehen, ganz entspannt, leicht in die Knie, das Becken ist schwer. Stellen Sie sich vor, Sie würden auf einem Barhocker sitzen oder hätten einen Känguru-Schwanz, je nach Geschmack. Und Sie legen Ihre Hände unterhalb des Bauchnabels hin und atmen in die Hände hinein. Spüren Sie, wie die Atmung die Hände bewegt. Mit dem Einatmen werden Ihre Hände ein wenig nach außen gedrückt, mit dem Ausatmen werden sie ein wenig nach innen bewegt. Gut so. Und das Ausatmen dauert ein bisschen länger als das Einatmen.

Und jetzt stellen Sie sich vor, dass Sie diese Atmung, die jetzt durch Ihre Hände stattfindet, dass sie noch tiefer geht. Und Sie atmen durch die Fußsohlen ein und aus, ein und aus, atmen Sie durch die Fußsohlen. Das geht natürlich nicht wirklich, das müssen Sie sich vorstellen. Aber vielleicht hilft es dem einen oder anderen, noch intensiver in den Bauch zu atmen. Wenn Ihnen das nicht hilft oder Ihnen schräg vorkommt, dann atmen Sie einfach nur in die Hände hinein.

Sehr gut. Und das Ausatmen dauert ein bisschen länger als das Einatmen.

Und während Sie das so machen, merken Sie, wie langsam ein bisschen mehr Ruhe und Konzentration mit jedem Atemzyklus kommt. Achten Sie auch auf die Atempause. Nach dem Ausatmen gibt es eine Atempause, bis der Atem wieder von selber einfällt und die Hände bewegt oder durch die Fußsohlen ein- und ausgeatmet wird."

Variation

Im Sitzen oder im Stehen durchführen.

Technische Hinweise

- **Vortragssetting:** Jedes
- **Zeitpunkt:** Jederzeit
- **Publikumsbeteiligung:** Alle
- **Spielhaltung:** Klare Ansage/Ruhig
- **Dauer:** 4 Minuten
- **Inspiration:** Meditation

Spannende Entspannung

Ziel

Spannung im Körper lokalisieren und weich werden lassen.

Übungsbeschreibung

„Konzentrieren Sie sich für einen kurzen Moment auf Ihren Körper. Wo empfinden Sie Spannung, wo empfinden Sie Entspannung, Lockerheit? Dafür scannen Sie jetzt einfach nur von oben, vom Kopf, langsam einmal nach unten: den Hals, Oberkörper, die Arme, Schultern, die Hände, den Bauch, das Becken, die Oberschenkel, die Unterschenkel, die Füße.

Dann darf ich Sie bitten, dass Sie den rechten Arm und die Hand zu einer Faust machen, richtig fest anspannen, den ganzen Arm bis hoch zur Schulter, richtig fest, fest, fest, fest, fest, halten Sie noch ein bisschen, ungefähr noch zehn Sekunden, richtig fest, fest, fest, fest, fest, fest – und loslassen. Lassen Sie die Spannung aus dem rechten Arm weichen, aus der rechten Hand, aus den rechten Fingern, sehr gut. Lassen Sie die Muskeln richtig weich und schwer werden.

Linker Arm, ballen Sie die linke Hand zur Faust, spannen Sie die linke Faust, den linken Arm, fest, fest, fest, fest, fest, richtig fest, noch zehn Sekunden – und loslassen. Lassen Sie die Spannung wieder gehen, aus den Fingern, aus den Händen, aus den Unterarmen, aus den Oberarmen, aus den Schultern.

Dann darf ich Sie bitten, das Gesicht zusammenzuziehen, so als hätten Sie eine Zitrone gegessen, und richtig fest anspannen, richtig fest, fest, fest, ja, genau, noch zehn Sekunden, auch die Kopfhaut mit anspannen, ja, genau, und den Nackenansatz, ge-

nau, noch fünf Sekunden – und loslassen. Die Kopfhaut entspannt sich, das Gesicht entspannt sich, wird weich wie Butter.

Und dann spannen Sie den Nacken und die Schultern an, ziehen Sie die Schultern ein bisschen hoch, genau, und fest anspannen, richtig fest, ja, genau, so fest es gerade im Moment geht, hervorragend – und loslassen. Der Nacken wird weich, die Schultern werden weich, fließen nach unten, sehr gut.

Brustkorb und Bauch richtig fest anspannen, da helfen die Arme meistens noch ein bisschen mit, ja, spüren Sie, was brauchen Sie alles, um die Spannung aufzubauen? Im Bauch, im unteren Rücken, den ganzen Oberkörper ein bisschen verkrampfen, anspannen, zusammenziehen, ja, Kraft aufwenden, ja, atmen wird schwer, noch fünf Sekunden – und loslassen. Der Brustkorb wird ganz weich, der Bauch hängt, ja. Sehr gut.

Jetzt den Po, das Becken und die Oberschenkel richtig fest anspannen, richtig fest, Po zusammenkneifen, Oberschenkel anspannen, ja genau, noch zehn Sekunden, richtig fest, bauen Sie noch mehr Spannung auf für einen kurzen Moment – und loslassen. Der Po lässt los, wird ganz weich, Oberschenkel lassen los, werden ganz weich, sehr gut.

Und dann die Füße, Unterschenkel, wahrscheinlich auch die Oberschenkel, die braucht man da ein bisschen, richtig fest machen, Zehen einkrallen oder nach oben strecken, wie kriegen Sie am meisten Spannung da rein, genau, auch in die Fußsohle, in die Unterschenkel, in die Waden, in die Knie, spüren Sie auch die Spannung, die da automatisch noch mal in den Oberschenkeln mit dazukommt, vielleicht sogar im Bauch. Sehr gut.

Und loslassen. Die Füße werden ganz weich und fließen in den Boden, die Waden werden ganz weich, die Oberschenkel werden ganz weich, hervorragend.

Und dann spannen Sie noch mal den gesamten Körper an, also alles, Arme, Hände, Füße, Beine, Gesicht, Kopfhaut, Nacken, Oberkörper, unterer Rücken, überall Spannung rein, genau, richtig Kraft da reinlegen, yes, noch fünf Sekunden, noch drei, noch zwei, noch eine, dann alles vollständig loslassen, weich werden, hervorragend, sehr gut."

Technische Hinweise

- **Vortragssetting:** Jedes
- **Zeitpunkt:** Jederzeit
- **Publikumsbeteiligung:** Alle
- **Spielhaltung:** Klare Ansage/Ruhe
- **Dauer:** 5 Minuten

Power-Pose

Ziel

Die Übung senkt Stress und erhöht den Mut. Die Teilnehmer haben ein Aha-Erlebnis über den Zusammenhang zwischen körperlichem Tun und der daraus resultierenden neuen Realität.

Übungsbeschreibung

„Stehen Sie bitte kurz auf, danke. Schaffen Sie sich ein bisschen Platz, ja, auf den Seiten, genau, soweit es unter diesen Umständen möglich ist. Hervorragend.

Jetzt stellen Sie sich ein bisschen breitbeiniger hin als normal, schulterbreit oder sogar noch ein Stückchen breiter. Kippen Sie das Becken leicht nach vorne und stützen Sie die Hände am Beckenrand ab. Für mich ist das so ein Bild, als würden Lausbuben an ihren Hosenträgern ziehen und sagen ‚He, du'. Und bleiben Sie jetzt in dieser Haltung stehen. Das, was Sie da gerade eingenommen haben, ist eine sogenannte Power-Pose.

Amy Cuddy und Dana Carney von der Columbia Universität haben herausgefunden, dass es Körperhaltungen gibt, die das Ausschütten von Testosteron beeinflussen, das heißt, verstärken. In dieser Haltung, in der wir jetzt stehen, wird vermehrt Testosteron ausgeschüttet und Cortisol wird abgebaut. Das bedeutet, dass Sie weniger Stress haben und mutiger sind, Männer wie Frauen. Denn auch das Testosteron ist bei Männern und Frauen gleichermaßen wirksam.

Nach nur zwei Minuten – und ungefähr die Hälfte der Zeit haben wir locker schon hinter uns – ist also in unserem Gehirn, in unserem Körper mehr Mut und weniger Stress. Das ist eine gute Übung, wenn man mal wieder zur Chefin zitiert wird, wenn man einen Vortrag halten muss, dann findet man eine ruhige Ecke, stellt sich da hin und geht in diese Haltung. Und man weiß, nach nur zwei Minuten bin ich ein bisschen mutiger, habe ich ein bisschen weniger Stress und das ist für viele, viele, viele Situationen genau das Richtige.

Und jetzt, in genau diesem Moment, haben wir die zwei Minuten erreicht und Sie können sich setzen mit dem Wissen, Sie sind jetzt weniger gestresst und haben mehr Mut."

Technische Hinweise

- **Vortragssetting:** Stehen
- **Zeitpunkt:** Jederzeit
- **Publikumsbeteiligung:** Alle
- **Spielhaltung:** Einladend/Klare Ansage
- **Dauer:** 3 Minuten
- **Inspiration:** Amy Cuddy & Dana Carney

Beckerfaust

Ziel

Eine Technik zum Stärken des Willens.

Übungsbeschreibung

„Nehmen Sie die rechte Hand, halten Sie sie weit in den Himmel, die Finger ganz weit auseinandergespreizt. Ziehen Sie den Arm zu sich herunter und schließen Sie die Faust und ballen Sie die Faust richtig fest, dieses ‚Yes'. Erinnern Sie sich vielleicht an Boris Becker, das ist die berühmte Becker-Faust. Machen Sie das mal, und ‚Yes', und halten Sie diese Spannung jetzt in dieser geballten Faust eine Weile. Sie können das auch gerne mit beiden Händen machen. Und spüren Sie die Kraft, die in dieser Geste steckt. Ris Hung von der National University of Singapur und seine Kollegen haben herausgefunden, dass die geballte Faust die Willenskraft enorm stärkt. Genau. Das heißt, um Ihre Willenskraft zu stärken, machen Sie es noch mal für 30 Sekunden, weit nach oben und nach unten und Faust ballen. ‚Yes'. Genau."

Technische Hinweise

- **Vortragssetting:** Jedes
- **Zeitpunkt:** Jederzeit
- **Publikumsbeteiligung:** Alle
- **Spielhaltung:** Klar
- **Dauer:** 3 Minuten
- **Inspiration:** Wiseman, Richard (2010): 59 seconds. Think a little, change a lot. Pan Books, London, Basingstoke, Oxford.

Hfff-Pfff

Ziel

Eine ruhige Aktivierung, die die Teilnehmer ankommen und Entspannung erfahren lässt.

Übungsbeschreibung

„Ich habe noch eine sehr schnelle und wirksame Übung zum Entspannen im Alltag für Sie. Wir probieren sie jetzt einfach gleich aus. Bleiben Sie einfach sitzen (bzw. stehen Sie bitte auf), *Ich mache es einmal vor."* Sie atmen scharf und deutlich hörbar auf Hffff ein, ziehen dabei deutlich beide Schultern hoch. Und halten zwei Sekunden in dieser Position die Luft an. Dann atmen Sie deutlich hörbar auf Pffff aus und senken dabei beide Schultern. Sie können zum Schluss auch die Schultern schütteln.

„Und jetzt alle zusammen: Hfff … Pfff … Und noch mal … wir machen das insgesamt dreimal. Vielen Dank, jetzt sind die Schultern, die sich gern bei der Arbeit am Schreibtisch verspannen, wieder lockerer."

Variation

Sie können das „Hfff – Pfff" wie eine La-Ola-Welle durch die Reihen oder durch den Kreis wandern lassen. Sie geben das Hfff für alle vor und dann fängt in jeder Reihe die Person ganz außen rechts damit an, mit Pfff auszuatmen. Dann folgt schnell sein Nachbar mit dem Pfff und so fort.

Technische Hinweise

- **Vortragssetting:** Sitzen oder stehen
- **Zeitpunkt:** Immer
- **Publikumsbeteiligung:** Alle
- **Spielhaltung:** Ruhig/Spielerisch
- **Dauer:** 2 Minuten
- **Inspiration:** Suggestopädische Methodenwerkstatt

Eine solche La-Ola-Welle muss schnell gehen und es dürfen nicht mehr als zehn Personen in der Reihe oder im Kreis sitzen, sonst geht den letzten Teilnehmern die Luft aus.

Mir geht's gut

Ziel

Mit Humor werden angespannte Muskelgruppen bewusst entspannt und die Teilnehmer aktiviert.

Übungsbeschreibung

„Viele von Ihnen sitzen wahrscheinlich heute schon lange, vielleicht sonst auch. Deshalb stehen Sie doch bitte kurz für diese Übung auf." Machen Sie selbst Schritt für Schritt die Anleitung mit.

„Also, los geht's:

- *Stellen Sie Ihre Füße eng nebeneinander und pressen Sie die Knöchel zusammen – die Spannung halten.*
- *Jetzt versuchen Sie, Ihre Waden anzuspannen und Ihre Beine zusammenzupressen – die Spannung halten.*
- *Jetzt spannen Sie Ihre Oberschenkel an – und Spannung halten.*
- *Den Po anspannen – Spannung halten.*
- *Den Bauch einziehen – Spannung halten.*
- *Beide Schultern hochziehen und anspannen – die Spannung halten.*
- *Beide Arme anspannen, anwinkeln und an den Körper ziehen – Spannung halten.*
- *Beide Hände zu Fäusten ballen – Spannung halten.*
- *Nacken zwischen die Schulter einziehen – Spannung halten.*
- *Das Kinn zur Brust drücken – Spannung halten.*

Und jetzt sagen Sie laut „Mir geht's gut!"

Normalerweise löst sich an dieser Stelle die Spannung sowieso in Lachen auf. Sie können das durch Ihr Lachen und durch das Ausschütteln Ihrer Hände noch unterstützen. Ich hänge meistens noch eine kurze Erklärung daran.

„Sie haben gerade ganz deutlich gespürt, dass unser Gehirn sofort weiß, wann es Ihnen gut geht. Nämlich nicht dann, wenn wir uns sagen, dass es uns gut geht, sondern wenn wir unsere Muskeln entspannen. Leider schleicht sich jeden Tag eine Muskelanspannung ein, ohne dass wir uns dessen bewusst werden. Und in der Summe fühlen wir uns dann gestresst."

Technische Hinweise

- **Vortragssetting:** Stehen
- **Zeitpunkt:** Immer
- **Publikumsbeteiligung:** Alle
- **Spielhaltung:** Spielerisch/Hohe Energie
- **Dauer:** 3 Minuten
- **Video:** Das Video zur Übung finden Sie unter den Downloadressourcen. Sie können über den Link zugreifen, der auf S. 6 angegeben ist.

Kopf hoch

Ziel

Die Teilnehmer spüren, dass es einen Zusammenhang zwischen äußerer und innerer und Haltung gibt.

Übungsbeschreibung

„Für die nächste kleine Übung darf ich Sie im ersten Schritt bitten, den Kopf mal hängen zu lassen. Der Kopf zieht so ein bisschen, sodass die Schultern auch nach vorne gehen, das Brustbein geht ein bisschen nach hinten und der Atem fließt in diese Körperhaltung hinein, probieren Sie das ruhig aus. Und achten Sie mal darauf, was für eine Stimmungslage hier herrscht, in dieser Haltung.

Und dann den Kopf hoch, nehmen Sie den Kopf hoch. Genau, Sie merken, wenn der Kopf nach oben geht, wenn Sie sogar ein bisschen zum Himmel schauen, dann kommt normalerweise das Brustbein wieder ein bisschen nach vorne, die Schultern gehen ein bisschen zurück. Das können Sie verstärken. Das Brustbein ein bisschen mehr nach vorne, die Schultern ein bisschen weiter zurück. Den Blick entweder gerade nach vorne oder leicht nach oben. Und nehmen Sie jetzt wahr, wie sich das anfühlt. Das ist erstaunlich, dass die innere Haltung der äußeren Haltung folgt.

Die deutsche Sprache zeigt das ganz schön, ‚Kopf hoch' sagt man zu jemandem, der betrübt ist. Und tatsächlich, wenn man den Kopf hochnimmt, wird man weniger betrübt, sieht die Welt ein bisschen leichter und klarer aus und manche Probleme lösen sich leichter mit einem Blick nach oben.

Da passiert nämlich in unseren Gehirnen etwas sehr Erstaunliches, da werden Hormone, Botenstoffe im Gehirn freigesetzt, die dafür sorgen, dass wir lockerer und leichter die Welt sehen, dass wir mehr Einfälle haben, um das vorhandene Problem zu lösen.

Also, Kopf hoch."

Technische Hinweise

- **Vortragssetting:** Jedes
- **Zeitpunkt:** Jederzeit
- **Publikumsbeteiligung:** Alle
- **Spielhaltung:** Klare Ansage/Einladend
- **Dauer:** 4 Minuten

Handmassage

Ziel

Die Handmassage eignet sich als körperlich aktive Pause.

Übungsbeschreibung

„Ich darf Sie bitten, strecken Sie die beiden Hände mal ein bisschen nach vorne, oben, aus und schütteln Sie beide Hände kräftig durch, dass da ein bisschen Blut reinkommt, ein bisschen Bewegung. Gut so.

Noch ein kleines bisschen, und jetzt massieren Sie bitte mit der rechten Hand die linke Hand. Fangen Sie bei dem kleinen Finger an. Kneten Sie vorsichtig, aber durchaus spürbar den kleinen Finger, Gelenk für Gelenk. Gehen Sie Richtung Handfläche.

Wenn Sie bei der Handfläche angekommen sind, fangen Sie beim Ringfinger an und gehen auch hier Fingerglied für Fingerglied vor, Gelenk für Gelenk. Schenken Sie auch Ihrem Ringfinger ein wenig Zuwendung, bis Sie beim Fingerknöchel angekommen sind, dem Faustknöchel, hervorragend.

Dann auch noch mal mit dem Mittelfinger dasselbe. Genau, auch der braucht Zuwendung, gerade der. Dann auch den Zeigefinger, von der Spitze, Fingerglied für Fingerglied, Fingergelenk für Fingergelenk bis zum Knöchel, und den Daumen auch. Und dann massieren Sie noch den Handteller kräftig, reiben ihn richtig gut durch.

Wenn man nervös ist, ist das übrigens eine gute Technik, sich die Handfläche zu massieren. Das hilft, ein bisschen Stress und Angst abzubauen. Wir machen das ja oft automatisch. Massieren Sie noch ein kleines Momentchen weiter, genau. Das kann man ganz bewusst machen, um hier für sich selber zu sorgen, um Stress abzubauen.

Und dann, zu guter Letzt, massieren Sie noch das Handgelenk, da sind so kleine Kuhlen, massieren Sie da kräftig hinein. Sehr gut, ja, hervorragend. Damit jetzt die andere Hand nicht traurig wird, massieren Sie doch auch bitte jetzt die rechte Hand mit der linken Hand, fangen da auch wieder beim kleinen Finger an."

Technische Hinweise

- **Vortragssetting:** Jedes
- **Zeitpunkt:** Jederzeit
- **Publikumsbeteiligung:** Alle
- **Spielhaltung:** Klare Ansage/Ruhig
- **Dauer:** 10 Minuten

Akupressur-Applaus

Die Übung erinnert mich immer ein wenig an Seehunde, die mit den Vorderflossen applaudieren und das genügt immer, damit ich selbst dabei gute Laune habe.

Ziel

Das Publikum wird mit einem Augenzwinkern zu einem Zwischenapplaus gebracht und aktiviert.

Übungsbeschreibung

Gerne verwende ich die Übung, wenn Ergebnisse des Publikums vorgestellt werden oder wenn einzelne Personen aus dem Publikum mitgemacht oder präsentiert haben.

Machen Sie alle Ansagen mit und halten Sie Ihre Hände in Brusthöhe.

„Haben Sie Lust auf eine kleine Akupressur-Übung? Ach, machen Sie doch einfach mit.

Nehmen Sie die Hände vor die Brust. Die Handflächen zeigen zueinander, die Finger sind geschlossen.

Jetzt überdehnen Sie die Finger nach hinten. Schlagen Sie die Handflächen ganz kurz und schnell zusammen, ja so, genau.

Jetzt noch einmal, sehr gut. Und jetzt ganz oft."

Applaudieren Sie selbst mit einem Lächeln am lautesten.

Technische Hinweise

- **Vortragssetting:** Jedes
- **Zeitpunkt:** Immer
- **Publikumsbeteiligung:** Alle
- **Spielhaltung:** Spielerisch/Augenzwinkernd
- **Dauer:** 2 Minuten
- **Inspiration:** Margit Hertlein
- **Video:** Das Video zur Übung finden Sie unter den Downloadressourcen. Sie können über den Link zugreifen, der auf S. 6 angegeben ist.

Summendes Lachen

Ziel

Ein Unterbrecher, der für Stressabbau und gute Laune sorgt. Das Publikum wird aktiviert und körperlich und geistig gelockert.

Übungsbeschreibung

Das summende Lachen ist eine gute, sehr dezente Einstiegsübung in das Lachyoga.

„Halten Sie Ihre Ohren zu, schließen Sie die Lippen und lachen Sie summend, wobei Sie durch die Nase ausatmen: Hm, hm, hm, hm, hm.

Danke schön, sehr schön. Mit dieser Übung haben Sie ein ganz, ganz leises Lachen zur Hand. Lachyoga ist immer dann eine gute Idee, wenn es mal wieder überhaupt keinen Grund zum Lachen gibt. Und da diese Vorstellung – man lacht ohne Grund – vielleicht für den einen oder die andere hier im Raum sehr eigenartig ist, fange ich gerne mit einem sehr leisen, summenden Lachen an."

Variation

Zusätzlich zu den Ohren kann man auch noch die Augen schließen.

Technische Hinweise

- **Vortragssetting:** Jedes
- **Zeitpunkt:** Immer
- **Publikumsbeteiligung:** Alle
- **Spielhaltung:** Spielerisch/Hohe Energie
- **Dauer:** 1 Minute
- **Inspiration:** Erlebt bei Lachyoga-Weiterbildungen

Kapiert-Lachen

Ziel

Auch diese Lachyoga-Übung sorgt für gute Laune, das Publikum baut Stress ab und wird aktiviert.

Übungsbeschreibung

„Ich mache diese Lachyoga-Übung zusammen mit Ihnen erst einmal langsam. Strecken Sie bitte einen Arm aus. Die Handfläche zeigt nach oben. Und jetzt schlagen Sie mit Ihrem anderen Arm mit einem lauten ‚Ha' in die Ellenbogenbeuge des ausgestreckten Arms.

Dann schlagen Sie mit einem lauten ‚Ha' auf Ihre Handinnenfläche. Und zum Schluss schlagen Sie sich – vorsichtig – mit einem lauten ‚Ha' auf die Stirn.

Und das wiederholen wir möglichst schnell dreimal. Los geht's."

Auch bei dieser Lachyoga-Übung sollten Sie unbedingt vorher ein paar Mal die Abfolge üben.

Variation

Statt „Ha" zu rufen, wenn zum Schluss der Klaps auf die Stirn kommt, können Sie auch „Kapiert!" rufen.

Technische Hinweise

Vortragssetting: Sitzen oder stehen
Zeitpunkt: Immer
Publikumsbeteiligung: Alle
Spielhaltung: Spielerisch/Hohe Energie
Dauer: 1 Minute
Inspiration: Erlebt bei Lachyoga-Weiterbildungen

Wodka-Lachen

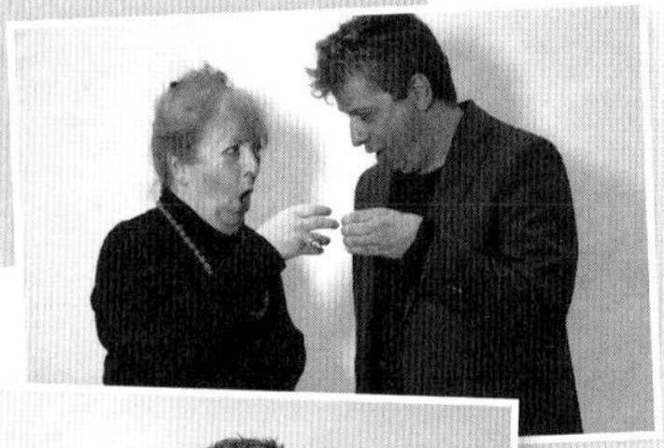

Ziel

Ein Unterbrecher, der für körperliche und geistige Lockerung sorgt und die Laune hebt.

Übungsbeschreibung

„Stellen Sie sich 100 Gramm Wodka im Glas vor. Dieses imaginäre Wodkaglas nehmen Sie fest in die Hand. Stoßen Sie mit Ihrem Nachbarn an, kippen Sie den Wodka mit einem Hahaha-Lachen hinunter und werfen dann das imaginäre Glas mit lautem Hahaha-Lachen nach hinten.

Jetzt stoßen Sie mit Ihrem Nachbarn auf der anderen Seite an.

Vielen Dank. Mehr als 200 Gramm Lachwodka sollte es nicht sein."

Variation

„Stellen Sie sich ein imaginäres Likörgläschen vor. Dann nehmen Sie es vorsichtig, mit ‚vornehm' abgespreiztem kleinen Finger, in die Hand. Stoßen Sie mit einem Hihihi-Lachen mit Ihrem Nachbarn an und trinken Sie den Likör mit gespitzten Lippen und noch einem Hihihi-Lachen. Jetzt stoßen Sie mit Ihrem Nachbarn auf der anderen Seite an. Gut so, danke schön."

Technische Hinweise

- **Vortragssetting:** Dieser Unterbrecher funktioniert am besten im Stehen.
- **Zeitpunkt:** Immer
- **Publikumsbeteiligung:** Alle, in Zweiergruppen
- **Spielhaltung:** Spielerisch/Hohe Energie
- **Dauer:** 1 Minute
- **Inspiration:** Erlebt bei Lachyoga-Weiterbildungen

Über-mein-Problem-Lachen

Ziel

Ein Unterbrecher, der gute Laune bereitet und entlastet.

Übungsbeschreibung

„Sehen Sie sich bitte mit großen Augen staunend um, atmen Sie tief ein und sagen Sie zu sich: ‚Das ist die Welt.'

Dann tippen Sie sich mit dem Zeigefinger sanft auf Ihre Brust und sagen zu sich: ‚Und das bin ich.'

Jetzt heben Sie beide Hände und greifen Sie vor sich nach Ihrem imaginären Problem. Wenn Sie es in den Händen haben, halten Sie es ganz fest und sagen: ‚Das ist mein Problem.'

Und jetzt schütteln Sie lachend die Hände nach unten aus und sagen lachend: ‚Und das lasse ich los.'

Vielen Dank. Falls Sie zu einem späteren Zeitpunkt merken, dass Sie wieder mal das Problem krampfhaft festhalten, dann genügt es oft schon, wenn Sie die Hände lachend ausschütteln."

Technische Hinweise

- **Vortragssetting:** Sitzen oder stehen
- **Zeitpunkt:** Immer
- **Publikumsbeteiligung:** Alle
- **Spielhaltung:** Spielerisch/Hohe Energie
- **Dauer:** 1 Minute
- **Inspiration:** Erlebt bei Lachyoga-Weiterbildungen

Schweige-Einhorn

Ziel

Eine humorvolle Provokation, mit der Sie das Publikum verblüffen und zum Lachen bringen.

Übungsbeschreibung

„Kennen Sie den?“ Halten Sie bitte Ihren Arm dabei hoch, damit alle den Schweige-Fuchs erkennen können, und behalten Sie die Geste bei, während Sie erzählen. *„Gestatten, das ist der Schweige-Fuchs …*

Vielleicht kennen Sie ihn auch unter Leise-Fuchs. Wenn er in der Schule verwendet wird, bedeutet das ‚den Mund geschlossen und die Ohren gespitzt'. Und dieser Schweige-Fuchs ist ja auch sinnvoll. Zuhören ist sinnvoll. Ganz oft hören wir eben nicht zu. Es gibt so spezielle Situationen, die dazu führen, dass der Schweige-Fuchs mutiert. Das sind Situationen, in denen wir nach außen hin schon noch zuhören, nicken, lächeln, aber innerlich geht uns das Gespräch so dermaßen auf die Nerven, dass der Schweige-Fuchs zum Schweige-Einhorn mutiert.“ Jetzt ändern Sie die Geste.

„Wenn allerdings das Schweige-Einhorn da ist, dann wird es etwas knifflig mit dem Gespräch. Deshalb beruhigen Sie zuallererst Ihr Schweige-Einhorn.“ An dieser Stelle können Sie der Fingerspitze des Schweige-Einhorns ein Küsschen geben, einfach den Finger einklappen und mit der anderen Hand beruhigend streicheln oder die Hand einfach ausschütteln.

Technische Hinweise

- **Vortragssetting:** Jedes
- **Zeitpunkt:** Immer
- **Publikumsbeteiligung:** Alle
- **Spielhaltung:** Spielerisch/Augenzwinkernd
- **Dauer:** 1–2 Minuten
- **Inspiration:** Das erste Mal bei Julia Fruhmann gesehen

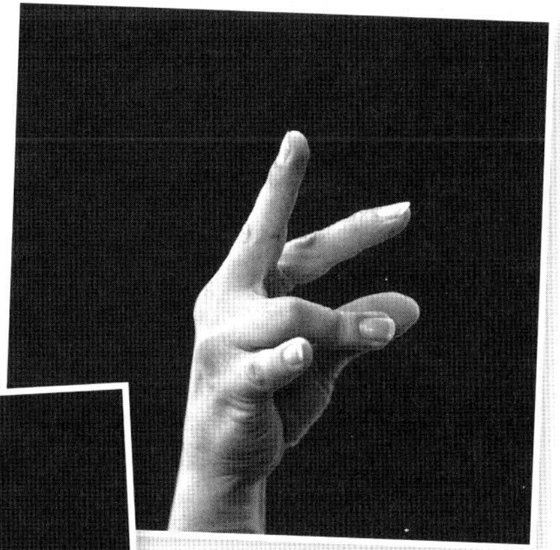

Das Schweige-Einhorn ist nicht für jedes Publikum geeignet. Zum Beispiel ist es für andere Kulturkreise in der Regel zu provokativ.

Hase und Jäger

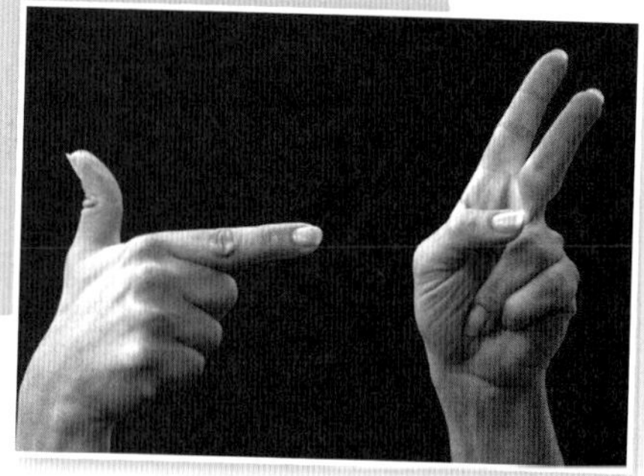

Das lässt sich auch gut mit den „Handfiguren" Hirsch und Hund machen.

Ziel

Eine aktive Unterbrechung, die Spaß macht.

Übungsbeschreibung

„Jetzt mal was Kleines für zwischendurch. Ich darf Sie bitten, schütteln Sie mal Ihre beiden Hände richtig gut aus, richtig gut ausschütteln, hoch und runter, vor und zurück, da kann man schon mal Kontakt aufnehmen zum Vordermann und ihm in den Haaren wuscheln. Hervorragend! Wenn alle mitmachen, fühlt sich keiner doof. Das sind so Erfahrungswerte. Super.

Jetzt nehmen Sie die rechte Hand und strecken Sie nur den Zeigefinger und den Daumen aus. Ja genau, das sieht so aus wie eine kleine Pistole. Jetzt können Sie da oben mit dem Daumen den Abzug betätigen, das ist der Jäger. Ja, so, ‚Peng, peng, peng, peng, peng, peng, peng, peng, peng'. Dabei bewegen Sie die Hand vorne in die eine Richtung, von rechts nach links. Hervorragend.

Jetzt die andere Version: Sie strecken nun Zeigefinger und Mittelfinger aus. Ja, das ist das Victory-Zeichen. Wenn Sie jetzt oben die Finger so ein bisschen krümmen, wie so kleine Hasenohren, die so zucken. Schön. Das ist der Hase."

Nun wechseln Sie zwischen Jäger- und Hasenfigur hin und her. *„Zurück zum Jäger ‚Peng, peng' – oder Hase ‚Schnuff, schnuff, schnuff, schnuff, schnuff' – ‚Peng, peng, peng' – ‚Schnuff, schnuff'. Also Hase und Jäger. Hervorragend.*

Das war die rechte Hand. Jetzt die linke Hand. Noch mal kurz ausschütteln und auch hier erst mal nur Zeigefinger und Daumen ausstrecken, ‚Peng, peng, peng', nach links und den Hasen, wieder nur das

Victory-Zeichen, nur Zeigefinger und Mittelfinger und ein bisschen krümmen, dass die Hasenohren sich bewegen, und da gehen Sie von rechts nach links. Gut so.

So, jetzt kommt es. Dazu bitte die rechte Hand in den Jäger verwandeln, also ‚Peng, peng'. Und die linke Hand in das Häschen, ‚Hui, hui, hui, hui, hui, hui, hui', ein kleines quietschendes ‚Hui, hui, hui, hui, hui, hui, hui'. Danke.

Und jetzt treibt der Jäger den Hasen von rechts nach links. Wenn Sie an Ihrer Grenze angekommen sind, kurz wechseln. Das heißt, die linke Hand wird zum Jäger, die rechte Hand wird zum Hasen und wieder zurück. ‚Peng, peng, peng'. ‚Hui, hui, hui, hui, hui' und an der Grenze angekommen, wechseln wir wieder. Die rechte Hand wird zum Jäger, die linke Hand wird zum Hasen – und zurück, ‚Hui, hui, hui, hui', ‚Peng, peng, peng'. Und schneller, ‚Peng', ‚Hui, hui, hui', ‚Peng'. Und noch ein bisschen schneller und noch ein bisschen schneller und noch ein bisschen schneller, so.

Sie können das jetzt während der nächsten Minuten und Stunden ein bisschen üben, wann immer es Ihnen langweilig wird. Jetzt aber kommt …"

Technische Hinweise

- **Vortragssetting:** Jedes
- **Vorbereitung:** Muss man vorher üben!
- **Zeitpunkt:** Jederzeit
- **Publikumsbeteiligung:** Alle
- **Spielhaltung:** Verspielt
- **Dauer:** 4 Minuten
- **Inspiration:** Varieté
- **Video:** Das Video zur Übung finden Sie unter den Downloadressourcen. Sie können über den Link zugreifen, der auf S. 6 angegeben ist.

Arme verknoten

Ziel

Diese Aktivierung macht neugierig und bringt zum Lachen und Schmunzeln.

Übungsbeschreibung

„So meine sehr verehrten Damen und Herren, ich darf Sie bitten, die Hände nach vorne auszustrecken. Wenn alle mitmachen, fühlt sich keiner blöd, das sind Erfahrungswerte. Und jetzt schütteln Sie die Hände, kräftig schütteln, schütteln, schütteln, auch dahinten. Ich kann Euch alle sehen, richtig gut schütteln. Ja, hervorragend.

Man muss dazu sagen, das mit dem Schütteln gehört eigentlich nicht dazu, aber Ihr seht wahnsinnig super dabei aus. Hervorragend. Gut. Ganz ernsthaft.

Beide Hände nach vorne, Daumen nach oben, Handflächen zueinander. Jetzt geht der linke Arm über den rechten Arm, ja, immer noch beide Daumen nach oben. Jetzt schauen die Handrücken zueinander. Gut!

Jetzt die beiden Daumen über außen nach unten zur Erde drehen, sodass sich jetzt die Handflächen wieder zueinander wenden. Hervorragend. Und jetzt die Finger ineinander verschränken und ab diesem Moment nicht mehr loslassen. Gut so.

Wichtig an der Stelle ist, dass der linke kleine Finger, also der kleine Finger der linken Hand oben ist bei der Verschränkung, oben, hier vorne, oben, genau.

Also ab diesem Moment nicht loslassen, sondern einfach nur in den Schmerz hineinlächeln. Die Arme gestreckt lassen. Und bei drei die Daumen nach oben zur Decke drehen – ohne sich die Ellenbogen zu brechen und ohne die Arme zu krümmen. Ja. Ellenbogen gestreckt lassen, bei drei: eins, zwei, drei.

… *Oh, ich sehe, da gibt es Schwierigkeiten.“* Wenden Sie sich nach rechts und sehen auf der linken Seite vermeintlich eine Person, die etwas nicht ganz korrekt macht.

Jetzt nehmen Sie selber die linke Hand aus der Position, um auf die entsprechende Person zu deuten, helfen ihr und korrigieren kurz. Jetzt, wenn Sie selber die Position wieder einnehmen, drehen Sie dabei aber Ihre Hand einfach um 360 Grad und kommen dadurch vermeintlich in dieselbe Position zurück. Aber jetzt ist bei Ihnen der Trick gelaufen, während alle anderen noch verknotet sind.

Will ich dem Publikum den Trick verraten, verwende ich folgendes kleines Prozedere: *„Meine sehr verehrten Damen und Herren, Sie können jetzt darüber nachdenken, ah, wie hat der Mann das gemacht? Ich verspreche Ihnen, wenn Sie es nicht rausbekommen, werde ich es Ihnen, am Ende dieses Tages, am Ende dieses Seminars, verraten. Das heißt, Sie haben jetzt zwei Möglichkeiten: Entweder Sie gucken, was sonst noch hier im Seminar für Sie dabei ist, oder Sie denken einfach darüber nach, ‚Wie hat der die Arme entknotet'?“* Ich wiederhole dann den Trick auch zwischendrin ein oder zwei Mal.

Technische Hinweise

- **Vortragssetting:** Jedes
- **Vorbereitung:** Sollte vorher geübt werden
- **Zeitpunkt:** Beginn und jederzeit
- **Publikumsbeteiligung:** Alle
- **Spielhaltung:** Klare Ansage/Einladend/Im entscheidenden Moment sehr entspannt
- **Dauer:** 3–4 Minuten
- **Inspiration:** Varieté/Zauberkunst
- **Video:** In den Downloadressourcen

Für mich bedeutet dieses Prozedere, dass mehr Spaß entsteht. Denn auch Menschen, die zu einem Seminar oder Vortrag geschickt wurden, bekommen hier die Freiheit zugestanden, zuzuhören oder nicht. Sie sind dadurch aus meiner Erfahrung tatsächlich viel öfter bereit, mitzudenken, obwohl sie nicht freiwillig da sind.

Lesung

Ziel

Auf diese Weise wird eine zweite Stimme in den Raum gebracht, die Inhalte noch einmal vertieft und fokussiert. Als Kontrapunkt kann der Beitrag neue Perspektiven einbringen.

Übungsbeschreibung:

Suchen Sie einen Freiwilligen und achten Sie unbedingt darauf, dass Sie mit dem Teilnehmer wertschätzend und humorvoll umgehen, egal was passiert, finden Sie es großartig!

„Wer liest denn seinen Kindern noch vor? Sie – oh wie schön. Vorlesen wird unterschätzt, dabei wird beim Vorlesen und Zuhören die Konzentrationsfähigkeit gesteigert, das Vorstellungsvermögen erweitert und auch die Kreativität gefördert. Mögen Sie sich und uns als Freiwilliger unterstützen? Vielen Dank. Kommen Sie einfach mit. Stehen Sie doch bitte kurz auf. Wir holen noch zusammen den Lesestuhl, ja, klasse."

Entweder verwenden Sie ein Buch und markieren die Textstelle ganz deutlich, oder Sie drucken den Text vorsichtshalber mit großer Schriftgröße aus, für alle, die ihre Lesebrille nicht dabei haben. Es sollte nie mehr als eine DIN-A4-Seite sein. 1700 Zeichen sind etwa zwei Minuten Text.

„Hier ist Ihr Text – und los geht's."

Stellen Sie sich während der Lesung an die Seite, sehen Sie zum Lesenden und lächeln Sie! Denn wenn Sie sich konzentrieren, könnte das Publikum Ihre Mimik als kritisch missdeuten.

„Hervorragend. Ihr Gehirn und Ihre Gesundheit sagen danke schön."

Variation

Der Teilnehmer liest von seinem Platz aus.

Technische Hinweise

- **Material:** Text, Stuhl und Handmikro
- **Vortragssetting:** Sitzen
- **Vorbereitung:** Einen Text vorbereiten und einen besonderen Stuhl auf die Bühne stellen. Es eignen sich zum Beispiel die Geschichten: „Das Dampfschiff", „Durststiller" und „Reiter am Strand". In: Hans Heß (Hrsg): Erzählbar II. 112 Top-Geschichten für den professionellen Einsatz in Seminar und Coaching, managerSeminare Verlag, Bonn 2017. Eine Geschichte finden Sie in den Downloadressourcen zu diesem Buch.
- **Zeitpunkt:** Immer
- **Publikumsbeteiligung:** Ein Teilnehmer führt vor allen anderen Teilnehmern vor
- **Spielhaltung:** Liebevolle Aufmerksamkeit/Einladend
- **Dauer:** 3 Minuten
- **Inspiration:** Messer, Barbara (2014): Ungewöhnliche Trainingspfade betreten. managerSeminare Verlag, Bonn.

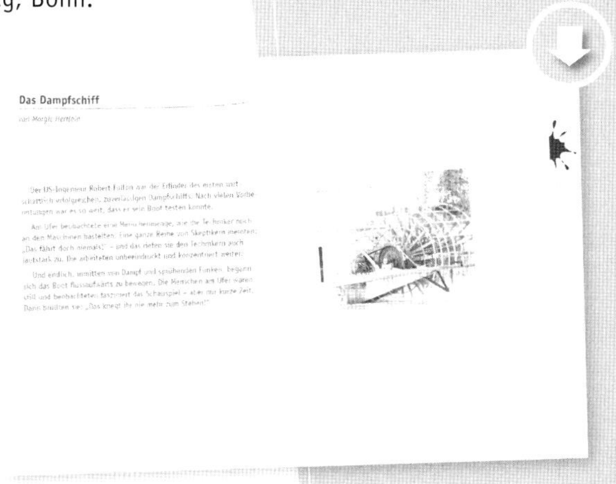

Spitfire

Ziel

Das Storytelling fördert die Kreativität und sorgt für lustvolle Stressbewältigung.

Übungsbeschreibung

„Suchen Sie sich bitte eine Partnerin. Entscheiden Sie, wer A sein soll und wer B. A ist die Geschichtenerzählerin. Sie werden gleich eine Geschichte erzählen, eine Fantasiegeschichte, deren Titel ich Ihnen gleich geben werde.

B ist die Coach von A und wirft ihrer Partnerin immer wieder irgendwelche beliebigen Worte zu. Die Aufgabe von A ist dann, diese Worte so schnell wie möglich in die Geschichte hineinzubauen.

Die Erfahrung lehrt, wenn Sie Ihre Partnerin ein bisschen stressen, sie mit Worten und Inspirationen bombardieren, ist es oft leichter, all die Worte in die Geschichte hineinzubauen. Zu viel Zeit zum Nachdenken ist hier meist eher eine Schwierigkeit.

Der Titel der Geschichte ist: Der Vulkanausbruch. Achtung, fertig, los.

Und jetzt geht es natürlich andersrum, B ist die Geschichtenerfinderin und A ist diejenige, die ihrer Partnerin Worte zuwirft. Der Titel Ihrer Geschichte lautet: Die Nacht der Tiger. Los geht's."

Technische Hinweise

- **Vortragssetting:** Jedes
- **Zeitpunkt:** Jederzeit
- **Publikumsbeteiligung:** Zweiergruppen
- **Spielhaltung:** Klare Ansage/Verspielt
- **Dauer:** 7–9 Minuten
- **Inspiration:** Keith Johnstone

3. Kapitel

Vor und nach der Pause

Liebes Tagebuch

Ziel

Die Methode wirkt intensiv und stimmt nachdenklich. Bei den Teilnehmern wird Neugier und Aufnahmebereitschaft für eine Botschaft geweckt. Auf diese Weise kann auch humorvoll und mit Augenzwinkern in ein Thema eingestimmt werden.

Übungsbeschreibung

Bei der Methode „Liebes Tagebuch" können wir unsere Vorliebe dafür verwenden, „Gedankenblasen" aufzuzeigen. Es geht darum, diese Gedanken in Form eines vorgelesenen Tagebucheintrags vorzustellen. Sprechen Sie Ihren „Tagebucheintrag" laut, und während Sie alles laut sprechen, nehmen Sie den Stift und schreiben Sie in das aufgeschlagene Notizbuch vor sich hinein. Es ist viel leichter, tatsächlich hineinzukritzeln, als nur so zu tun, als ob Sie in das Tagebuch schreiben.

Wenn Sie das „liebe Tagebuch" zum ersten Mal anwenden, können Sie sich natürlich vorher Stichpunkte bzw. Kernaussagen in das Notizbuch schreiben, damit Sie sich sicherer fühlen. Mehr als Stichpunkte sollten Sie aber nicht vorbereiten, denn das Ganze lebt von der Improvisation und Unmittelbarkeit. Wir vertrauen auf unsere Intuition (und unsere Erfahrung) und es hat bisher immer geklappt.

„Jetzt ist endlich Zeit für mein Tagebuch. Mir geht eh so viel durch den Kopf bei dem Thema … Sie dürfen mir beim Tagebuchschreiben gern zuhören, es bleibt ja unter uns.

Also – liebes Tagebuch, jetzt sitze ich hier. Sie haben mir schon wieder den alten Stuhl gegeben. Aber na ja, das beste heute war … und ich bin heute wieder hin und weg von den tollen Teilnehmern. So viele interessierte Frauen und Männer …

Und jetzt freu ich mich aber auch auf die Kaffeepause ... Heute Abend melde ich mich wieder. Es ist schön, liebes Tagebuch, Dich dabei zu haben. Deine Margit/Dein Gaston."

Klappen Sie Ihr „Tagebuch" zu und stehen Sie auf: *„Oh, schön, dass Sie gewartet haben, vielen Dank."* Oder nutzen Sie die Variation an dieser Stelle.

Variation

Klappen Sie Ihr „Tagebuch" zu und stehen Sie auf: *„Oh, schön, dass Sie gewartet haben, vielen Dank. Jetzt sind Sie dran. Wenn Sie möchten, schreiben Sie Ihren eigenen kurzen Tagebucheintrag. Wenn Sie später weiterschreiben möchten, dann wartet das Tagebuch heute Abend auf Sie. Schreiben Sie in Ihr Tagebuch, was Ihnen gerade jetzt durch den Kopf geht. Gerade im Moment. Und los geht's!"*

Technische Hinweise

- **Material:** Ein Notizbuch in DIN A5 oder DIN A4, einen Stuhl oder Sessel zum Sitzen auf der Bühne und einen Stift für Sie. Gegebenenfalls Blätter und Stifte für die Teilnehmer
- **Vortragssetting:** Sitzen
- **Vorbereitung:** Die eigenen Gedanken zum Thema sortieren. Gegebenenfalls mit dem Techniker besprechen, dass das Saallicht heller wird, wenn die Teilnehmer ihre Blätter beschreiben sollen.
- **Zeitpunkt:** Gut geeignet vor Pausen, sonst auch zum Start oder Schluss.
- **Publikumsbeteiligung:** Alle
- **Spielhaltung:** Augenzwinkernd/Spielerisch
- **Dauer:** 5–8 Minuten
- **Inspiration:** Gefunden bei Messer, Barbara (2016): Inhalte merk-würdig vermitteln. Beltz, Weinheim.

Es ist uns schon klar, dass Tagebuchschreiben old-school ist. Da Gaston und Margit aber die 30 schon lange überschritten haben, kommen wir damit zurecht. Und: Man kann auch Tagebuch mit einem Tablet schreiben, dann ist es ein Tage-Blog ;)

Romeo und Julia

Ziel

Eigene Vorannahmen werden beim Rätseln mit einem Augenzwinkern deutlich gemacht. Das macht Spaß und stimmt nachdenklich.

Übungsbeschreibung

Diese besondere Art Rätsel sind keine Rätsel, die man mit Logik lösen kann. Gefordert ist ein „Um die Ecke"-Denken, ein Querdenken oder laterales Denken. Ein Denken, das sich von unseren unbewussten, vorgefertigten Bildern im Gehirn löst. Unter der Bezeichnung „Black Stories" finden Sie jede Menge dieser Rätsel. Aber Achtung: Probieren Sie das Rätsellösen erst mit Freunden aus. Und wenn Sie oder Ihre Freunde die Augen nach oben drehen, weil die Lösung sehr abwegig ist, dann ist dieses Rätsel definitiv nicht für den Einsatz in einem Vortrag geeignet. Romeo und Julia ist von uns sicher bei über 200 Teilnehmergruppen getestet worden und absolut geeignet. Wenn das Rätsel nicht gelöst wurde und dann die Lösung verraten wird, geht immer ein Raunen bzw. Gemurmel durch die Reihen. Ein schöner Aha-Effekt.

„Immer haben die Menschen es geschätzt, Rätsel und Denkaufgaben zu lösen. Die Griechen verwendeten nachweislich bereits im fünften Jahrhundert vor Christi Rätsel als Gegenstand der Philosophie. Für uns ist Rätselraten eine herrliche Möglichkeit, Querdenken zu trainieren und eingefahrene Gehirnmuster kräftig durchzurütteln. Die Spielregeln sind:

- *Sie können mir Fragen zum Rätsel stellen, auf die ich aber nur mit Ja oder Nein antworte.*
- *Falls Sie eine Frage stellen, bei der es egal ist, ob ich mit Ja oder Nein antworte, dann sag' ich „Apfelstrudel".*
- *Ihre Fragezeit ist beschränkt auf drei Minuten."* Je nach Vortragssetting können Sie die Zeit ausdehnen. Kürzer macht keinen Sinn.
- *„Und jetzt keine Spielregel, sondern eine Bitte von mir: Wer das Rätsel schon kennt, bitte rätseln Sie nicht laut mit und stellen Fragen oder flüstern Ihrer Nachbarin die Lösung zu – Sie verderben sonst den anderen den Rätselspaß.*

Und hier kommen die Fakten zum Rätsel: Es war eine stürmische Nacht. Im Schloss brannte Licht. Das Fenster stand offen, der Boden war feucht und voll Scherben. Und in den Scherben lagen Romeo und Julia – tot. Wie sind die beiden zu Tode gekommen?"

An dieser Stelle notieren Sie die Zeit oder nutzen eine Stoppuhr und schauen Sie interessiert ins Publikum.

Variation

- Die Lösung kann von den Teilnehmern auf einen Zettel geschrieben werden, der abgegeben oder zu einem Ball geknüllt nach vorne zur Bühne geworfen wird. Die Auswertung geschieht dann in der Pause.
- Für die richtige Lösung können kleine Geschenke vergeben werden.
- Die Lösung kann auch nach der Veranstaltung auf der Website bekannt gemacht werden.

Technische Hinweise

- **Material:** Möglicherweise der Rätseltext als Gedächtnisstütze und eine Stoppuhr.
- **Vortragssetting:** Sitzen oder stehen. Es kann entweder jeder für sich allein rätseln oder es können Gruppen gebildet werden.
- **Vorbereitung:** Den Rätseltext auswendig lernen oder zum Vorlesen ausgedruckt mitbringen.
- **Zeitpunkt:** Gut geeignet vor der Pause aber auch zum Schluss oder zwischendurch.
- **Publikumsbeteiligung:** Alle
- **Spielhaltung:** Ruhig/Augenzwinkernd
- **Dauer:** 3–15 Minuten
- **Inspiration:** Rätsel aus: Hertlein, Margit (2006): Meine 24 Lieblingsrätsel. Hellhörig Verlag, Weißenburg.

Die Lösung

Es war eine stürmische Nacht. Der Wind drückte das Fenster auf.

Auf dem Fensterbrett stand ein Aquarium und in dem Aquarium befanden sich zwei Fische. Das aufgedrückte Fenster stieß das Aquarium zu Boden und in den Scherben lagen die beiden Goldfische Romeo und Julia – tot.

Morse-Operator

Ziel

Die Teilnehmer werden verblüfft und Vorannahmen werden hinterfragt.

Übungsbeschreibung

„Morsen – können Sie sich darunter noch etwas vorstellen? Diese Technik wurde vor ca. 175 Jahren erfunden und der berühmteste Morsecode bis heute ist der Notruf SOS: ‚…---…' dreimal kurz – dreimal lang – dreimal kurz.

Der Beruf dazu hieß Morse-Operator. Und so einer wurde gesucht. Die Geschichte trug sich Ende der 1920er-Jahre in New York zu. Mitten in der großen Rezession. Eine Firma hatte einen Job für einen Morse-Operator ausgeschrieben. Der Text der Anzeige lautete: ‚Wir geben jedem eine Chance.' Es war klar, dass sich viele Arbeitssuchende melden würden. Die Firma hatte in einer Riesenhalle einige kleine Interviewräume eingerichtet und verteilte Nummern in der Reihenfolge des Ankommens. Es gab nicht genügend Stühle, sodass viele der Bewerber sich auf den Boden setzten, um zu warten. Es war heiß. Baustellenlärm. Im Hintergrund wurde gehämmert, und immer noch kamen Bewerber. Da erschien ein junger Mann, der die Nummer 254 erhielt, und auch er setzte sich auf den Boden. Nach zwei Minuten stand er auf, ging zu einer Tür auf der anderen Seite der Halle, nahm den Hut ab, klopfte, aber wartete überhaupt nicht, ob jemand „Herein" sagte und betrat den Raum. Drei Minuten später kam ein älterer Herr im zweireihigen Nadelstreifenanzug aus dem Zimmer und verkündete sehr laut, dass alle nach Hause gehen könnten, der Job sei gerade vergeben worden."

An dieser Stelle unterbrechen Sie die Geschichte und fragen das Publikum: *„Was für ein Gefühl haben Sie jetzt? Was denken Sie jetzt? Vervollständigen Sie bitte den Satz auf dem vorbereiteten Zettel, wir sammeln die Zettel ein und werten die Blätter in der Pause aus."*

In der Pause können Sie die Zettel auswerten. Und prägnante, häufige oder ausgefallene Antworten in der weiteren Moderation verwenden.

Dann erzählen Sie die Geschichte zu Ende: *„Der ältere Herr erklärte den Wartenden, warum der junge Mann den Job bekommen hatte. Er rief den Herumstehenden zu: ‚Sie alle saßen oder standen da, Sie alle hörten das Hämmern im Hintergrund. Sie dachten wohl, wir würden renovieren, aber wir renovieren nicht! Im Hintergrund hat einer unserer Mitarbeiter mit dem Hammer Morsezeichen geklopft. Sie lauteten: Wenn Du das verstehst, gehe zu Raum Nr. 1120, klopfe an, warte nicht auf ein ‚Herein!' und Du hast den Job'."*

Variation

Die Geschichte nimmt im Vortrag viel Platz ein – auch wegen der Auswertung und Auflösung. Falls keine Zeit oder keine Möglichkeit besteht, die Zettel einzusammeln und auszuwerten, können Sie die Übung auch so durchführen: *„Was für ein Gefühl haben Sie jetzt? Was denken Sie jetzt? Wenn Sie von mir jetzt den Satz hören ‚Die Welt ist voller ...', mit welchen Gedanken würden Sie jetzt den Satz vervollständigen?"* Wiederholen Sie noch mal: *„Die Welt ist voller ..."*

Morse-Operator

Nach meiner Erfahrung mit dieser Übung sind die typischen Antworten ziemlich ähnlich. Die Hälfte ist eher positiv, zum Beispiel „Die Welt ist voller Überraschungen“ und die andere Hälfte eher negativ, zum Beispiel „Die Welt ist voller Spezlwirtschaft“.

Technische Hinweise

- **Material:** Vorbereitete Zettel (s. Downloadressourcen)
- **Vortragssetting:** Sitzen oder stehen
- **Vorbereitung:** Zettel vorbereiten (wie unten gezeigt), Helfer organisieren
- **Zeitpunkt:** Mitte, der erste Teil der Geschichte ist gut geeignet vor einer Pause. Die Auflösung gibt es nach der Pause.
- **Publikumsbeteiligung:** Alle
- **Spielhaltung:** Ruhig/Augenzwinkernd
- **Dauer:** Erzählzeit 5 Minuten, aber die Auswertung braucht Zeit! Deshalb genügend Helfer einplanen. Am einfachsten sind zwei Stapel, einer für die positiven und einer für die negativen Ergänzungen.

Vervollständigen Sie bitte diesen Satz:

Die Welt ist voller …

____

Die Welt ist voller …

____

Fensterputzer

Ziel

Diese besondere Visualisierung ist überraschend und bringt die Hauptbotschaft wirksam, nachhaltig und ungewöhnlich rüber.

Übungsbeschreibung

Der Überraschungseffekt bei der „Fensterputzer"-Aktion ist unglaublich. Eigentlich möchte ja jede Rednerin, dass das Publikum nur an ihren Lippen hängt. Und dann kommt ein Fensterputzer und sorgt für massive Ablenkung. Wenn Sie diesen Fensterputzer gezielt einsetzen, bleibt Ihre Visualisierung nicht nur am Fenster „hängen", sondern hundertprozentig auch in den Köpfen des Publikums.

Es gibt zwei Möglichkeiten: Zum ersten das Hinhängen an die Scheibe. Dafür werden Flipcharts, Transparente oder starke Klarsichtfolien bedruckt oder beschrieben. Die vorbereiteten Flipcharts oder Transparente werden von Ihrem „Fensterputzer"-Helfer hochgehalten.

Und zum zweiten das Schreiben auf die Scheibe. Dazu von draußen spiegelbildlich mit Flüssigkreide an die Scheibe schreiben. (Nur kurze Nachrichten!)

Variation

Sie können selbst außen an den Fenstern die Plakate aufhängen oder etwas mit Kreide anschreiben, während das Publikum in den Saal kommt. Setzen Sie dazu eine „Fensterputzer-Mütze" auf oder ziehen Sie einen Arbeitsmantel an.

Technische Hinweise

- **Material:** Zum Hinhängen an die Scheibe: Flipcharts, Transparente oder starke Klarsichtfolien, bedruckt oder beschrieben. Zum Beschriften der Scheibe: Sprühkreide oder Kreidemarker.
- **Vortragssetting:** Sitzen oder stehen
- **Zeitpunkt:** Gut geeignet vor Pausen, aber auch zum Start oder zwischendurch
- **Publikumsbeteiligung:** Alle
- **Spielhaltung:** Augenzwinkernd/Spielerisch
- **Dauer:** Die Fensterbotschaft bleibt bis nach Ihrem Vortrag sichtbar. Bei einer Vortragsreihe mit anderen Kollegen ist der Schlussvortrag am günstigsten, sonst sind Ihre Botschaften noch sichtbar, während ein anderer Sprecher über ein anderes Thema referiert.
- **Vorbereitung:** Aufwendige Vorbereitung, aber die ist es wert. Als Erstes klären Sie den Außenzugang zu den Fenstern, davon hängt alles ab. Außerdem unbedingt mit den Verantwortlichen des Tagungshauses bzw. des Hotels und dem Hausmeister oder Techniker sprechen. Die Hausmeister freuen sich auch über eine kleine Aufmerksamkeit, denn die bekommen sie normalerweise nicht. Organisieren Sie dann den Helfer für die „Fensterputzer"-Aktion und prüfen Sie kritisch die Botschaften Ihres Themas. Was ist wirklich am wichtigsten, was muss visualisiert werden.
- **Inspiration:** Gefunden bei Messer, Barbara (2016): Inhalte merk-würdig vermitteln, Beltz, Weinheim.

Ich hatte zwar meine schönen Kreidemarker dabei und einen Helfer, war dann aber entgegen den ursprünglichen Aussagen in einem Raum ohne Fenster, dafür mit Oberlichtern. Und da wollte mein Helfer definitiv nicht hinaufsteigen.

Ich sehe was ...

Ziel:

Diese Methode verblüfft das Publikum und zeigt, wie stark wir unsere Informationen filtern.

Übungsbeschreibung

„Bitte schließen Sie die Augen. Versuchen Sie, sich an alle roten Gegenstände hier im Raum zu erinnern." Nach dieser Aufforderung warten Sie zehn Sekunden.

„Und jetzt öffnen Sie Ihre Augen und überprüfen Ihre Erinnerung." Machen Sie fünf Sekunden Pause.

„Wie viele haben Sie übersehen? An wie viele haben Sie sich erinnert? O.K., wir probieren es noch einmal. Bitte schließen Sie wieder die Augen. Versuchen Sie sich an alle blauen Gegenstände hier im Raum zu erinnern." Wieder zehn Sekunden warten.

„Und jetzt öffnen Sie Ihre Augen und überprüfen Ihre Erinnerung." Noch einmal fünf Sekunden Pause.

„Wie viele haben Sie übersehen? An wie viele haben Sie sich erinnert?"

Variation

Wenn Sie mehr Zeit haben und die Übung genau zu Ihrem Thema passt, können Sie auch drei oder fünf verschiedene Farben nennen.

Technische Hinweise

- **Material:** Wenn Ihre Uhr keinen Sekundenzeiger hat, dann eine Stoppuhr
- **Vortragssetting:** Sitzen oder stehen
- **Vorbereitung:** Sehen Sie sich den Raum genau an, es sollte zumindest ein roter und ein blauer Gegenstand im Raum sein. Wenn nicht, dann prüfen Sie, wenn die Teilnehmer hereinkommen, ob irgendwer etwas Rotes oder Blaues trägt oder dabeihat.
- **Zeitpunkt:** Gut geeignet vor Pausen, aber auch für zwischendurch
- **Publikumsbeteiligung:** Alle
- **Spielhaltung:** Klare Ansage/Einladend
- **Dauer:** 3 Minuten
- **Inspiration:** Erlebt bei den Petersberger Trainertagen

Ich hatte schon durch
gungsräume, in denen
Grau- und Silbertöne
aber wirklich kein einziges Rot oder
Blau.

Stille-Post-Antwort

Ziel

Diese humorvolle Reflexion von Kommunikation schafft auf ungewöhnliche Weise Kontakt und aktiviert. Die Teilnehmer werden neugierig auf das Ergebnis.

Übungsbeschreibung

„Viele von Ihnen kennen wahrscheinlich noch das Spiel ‚Stille Post'. Einer flüstert dem anderen etwas ins Ohr und das, was als Erstes gesagt wird, kommt meistens am Schluss ganz anders heraus. Wir nehmen heute diese herrlichen Sitzreihen für ein ‚Stille-Post-Experiment'. In jeder Sitzreihe beginnt die Person ganz rechts außen." Zeigen Sie unbedingt in die Richtung.

„Sie bekommen jetzt von mir Karten mit einer Frage und einem Stift. Sie flüstern bitte der nächsten Person diese Frage ins Ohr. Die Frage wandert auf diese Weise durch die gesamte Reihe und wenn die Frage bei der letzten Person in der Reihe angekommen ist, überlegt sich die Person am anderen Ende der Reihe eine Antwort und flüstert die Antwort ihrem Nachbarn ins Ohr. Die Antwort kommt also auf dem gleichen Weg zurück. Wenn die Antwort am Startpunkt angekommen ist, notieren Sie", zeigen Sie unbedingt in die Richtung der angesprochenen Person, *„die Antwort auf der Karte. Die Karte geben Sie mir oder den Helfern. Vielen Dank und los geht's.*

Werten Sie die Fragen und Antworten danach aus. Bei einem großen Publikum mit sehr vielen Reihen klappt das meist erst in der Kaffee- oder Mittagspause. Dann haben Sie auch noch Zeit, sich Gedanken zu machen.

Variation

Die Frage- und Antwortkarten sind bereits unter den Stühlen ganz außen befestigt.

Technische Hinweise

- **Material:** Antwortkarten
- **Vortragssetting:** Genutzt wird für diese Übung die feste Bestuhlung in vielen Vortragssälen.
- **Zeitpunkt:** Gut geeignet vor Pausen, aber auch für zwischendurch
- **Publikumsbeteiligung:** Alle
- **Spielhaltung:** Spielerisch/Einladend
- **Dauer:** 3–5 Minuten
- **Vorbereitung:** Die Frage- und Antwortkarten vorbereiten und gegebenenfalls platzieren. Bei vielen Reihen vorher Helfer organisieren
- **Inspiration:** Weiterentwicklung der Stille-Post-Urform von Margit Hertlein

Mimenpause

Ziel

Eine ungewöhnliche Art, die Kaffeepause anzumoderieren, durch die Netzwerke gebildet werden.

Übungsbeschreibung

„Bevor es jetzt gleich in die Kaffeepause geht, darf ich Sie bitten, sich schon mal eine Person auszusuchen, die ein gutes Stück von Ihnen weg ist, also mindestens so fünf oder zehn Meter. Haben Sie jemanden? Gut.

Wenn ich Ihnen sage, jetzt geht es los, versuchen Sie, diese Person auf sich aufmerksam zu machen – durch Winken, Hüpfen oder lustige Grimassen – und Sie auf einen Kaffee, Tee, Espresso, Cappuccino oder was auch immer einzuladen. Das Ganze aber nur pantomimisch, also ohne Worte. Machen Sie klar – nur pantomimisch – welchen Kaffee Sie gerne hätten, einen riesengroßen, einen ganz kleinen, einen mit Milch oder einen ohne, mit oder ohne Zucker. Und wenn Sie sich darüber verständigt haben, dann gehen Sie doch in die Kaffeepause. Sie haben alle jemanden? Dann wünsche ich Ihnen jetzt viel Vergnügen bei dieser kleinen pantomimischen Verabredung und dann eine schöne Kaffeepause. Los geht's!“

Technische Hinweise

- **Vortragssetting:** Jedes
- **Zeitpunkt:** Vor einer Pause
- **Publikumsbeteiligung:** Alle
- **Spielhaltung:** Klare Ansage/Verspielt/ Hohe Energie
- **Dauer:** 4 Minuten
- **Inspiration:** Gaston Florin

Flintstones

Ziel

Eine belebende Aktivierung, die Spaß bringt und das Arbeitsgedächtnis trainiert. Die Teilnehmer öffnen sich und erweitern ihre Komfortzone.

Übungsbeschreibung

„Kennen Sie die Flintstones? Die Familie Feuerstein? Ja? Also ich war als Kind ein großer Fan. Das hat mich zu einem kleinen Spiel inspiriert. Das ist jetzt nach der Mittagspause genau das Richtige. Jetzt gleich schicke ich mehrere Impulse aus dieser Zeichentrickserie zu Ihnen hinunter und Sie geben diesen Impuls dann immer einfach weiter an jemand anderes.

Es funktioniert folgendermaßen: Also zum Beispiel schicke ich Ihnen das ‚Jabbbadabbaduu', einer der berühmtesten Ausrufe von Fred Feuerstein. Ich deute zum Beispiel auf Sie und rufe es Ihnen zu. Ich mache ‚Jabbadabbadabbaduu' und trample dabei ein bisschen mit den Füßen und werfe dann die Hände nach oben. Sie deuten dann ihrerseits auf jemand anderen und rufen einfach ‚Jabbadabbaduu', Füße trampeln, Hände nach oben. Und Sie deuten dann wieder auf jemand anderen.

Wir machen mal kurz ein Beispiel, nur drei, vier Mal – ‚Jabbadabbadu' – ‚Jabbadabbaduu' – ‚Jabbadabbaduu', hervorragend. Jetzt gibt es insgesamt vier verschiedene Sachen, die ich losschicke, das ist das ‚Jabbadabbaduu' – mal alle zusammen auf drei. Eins, zwei, drei …

Der nächst Impuls ist das ‚Wilma', ja, so ‚Wiiiiiiiiilllllmaaa', dabei trommelt man mit den Händen gegen eine imaginäre Tür. Auch das geht gleich von einem zum anderen. Aber jetzt erst mal alle zusammen auf drei. Eins, zwei, drei …

Nummer drei ist Dino, der Hund: hecheln und bellen – ‚Hhhhhhh, waw, waw ‚waw, waw'.

Ganz wichtig ist auch die Tröte, mit der der Feierabend eingeleitet wird. Also das ist der Vogel, bei dem man am Schwanz zieht. Dazu zieht man die (imaginären) Federn mit der rechten Hand, nach unten, und dann streckt man die Hand in die Richtung aus, in die der Impuls weitergeht. Ja? Wir probieren das mal, ‚Uuhaaauuhhhääääh'. Und jetzt geben Sie die Impulse, die Sie bekommen, immer an jemand Neuen weiter."

Man schickt dann alle vier Impulse immer wieder ins Publikum zu immer wieder neuen Zuschauern, bis da möglichst viele Leute einfach mitspielen.

Technische Hinweise

- **Vortragssetting:** Diese Übung funktioniert am besten im Stehen.
- **Zeitpunkt:** Nach einer Pause
- **Publikumsbeteiligung:** Alle
- **Spielhaltung:** Hohe Energie/Klare Ansage/Verspielt
- **Dauer:** 5 Minuten
- **Inspiration:** Familie Feuerstein/Gaston Florin
- **Video:** Das Video zur Übung finden Sie unter den Downloadressourcen. Sie können über den Link zugreifen, der auf S. 6 angegeben ist.

Der blinde Storch

Ziel

Die Übung sorgt für Ruhe und Konzentration, die Teilnehmer können ankommen.

Übungsbeschreibung

„Stehen Sie doch bitte kurz auf. Vielen Dank. Jetzt stellen Sie sich mit offenen Augen so hin, dass Ihre Füße höchstens eine Fußlänge voneinander entfernt sind. Und verteilen Sie Ihr Körpergewicht möglichst gleichmäßig auf beide Beine.

Jetzt belasten Sie Ihren linken Fuß, ohne den rechten vom Boden zu heben. Jetzt belasten Sie das rechte Bein, ohne das linke vom Boden zu heben. Dann belasten Sie wieder das linke Bein, aber ganz langsam und im Moment der Gleichbelastung halten Sie drei Sekunden an. Wieder zurück zur möglichst gleichmäßigen Belastung. Dann belasten Sie das rechte Bein, aber ganz langsam und im Moment der Gleichbelastung halten Sie drei Sekunden an. Wieder zurück zur möglichst gleichmäßigen Belastung.

Nun belasteten Sie ganz langsam Ihr persönliches Standbein, auf dem Sie gut und sicher stehen können. Heben Sie das andere Bein wenige Zentimeter an. Wechseln Sie die Beine.

Sehr gut und jetzt zurück zu Ihrem Standbein, heben Sie wieder das andere Bein einige Zentimeter an und schließen Sie die Augen. Balancieren Sie, ohne umzufallen. Bleiben Sie so einige Sekunden lang. Jetzt öffnen Sie wieder die Augen und“, kleine Pause, *„Danke schön und herzlich willkommen zurück hier im Raum bei …“*

Variation

Das funktioniert auch als Paarübung, etwa zum Thema Unterstützung: zu zweit gegenüberstehen und am Schluss wieder auf einem Bein blind balancieren, aber diesmal die Handflächen aneinanderlegen und sich gegenseitig stützen.

Technische Hinweise

- **Vortragssetting:** Stehen, jeder für sich
- **Zeitpunkt:** Sehr gut geeignet nach der Pause, aber auch zum Start oder zwischendurch
- **Spielhaltung:** Ruhig
- **Publikumsbeteiligung:** Alle
- **Dauer:** 2 Minuten
- **Inspiration:** Baer, Ulrich (1998): 666 Spiele für jede Gruppe, für alle Situationen. Kallmeyersche Verlagsbuchhandlung, Velber.

Prinzessin, Ritter, Drache

Ziel

Dieses lebhafte Teamspiel schafft ein Gruppengefühl und wirkt als spannende und spontane Aktivierung.

Übungsbeschreibung

Diese Variante von „Stein, Schere, Papier" setze ich sehr gerne zum Abschluss ein, wenn die Teilnehmer nach etlichen Gruppenarbeiten wieder im Plenum zusammenkommen. Die Gesamtgruppe wird in zwei Teams unterteilt, die gegeneinander antreten, unsere bisherige Obergrenze waren 80 Teilnehmer. Schreiben Sie die Regeln möglichst groß auf eine Pinnwand, sonst entsteht beim Auswerten ein Durcheinander

„Kennen Sie noch ‚Stein, Schere, Papier'? Stein", Faust zeigen, *„zerschlägt Schere, Schere"*, mit den Fingern andeuten, *„zerschneidet Papier und Papier"*, Handfläche zeigen, *„wickelt den Stein ein. Ein Spiel, das normalerweise von zwei Personen gespielt wird. Wir spielen es heute alle zusammen im Team."* Bitte teilen Sie hier die Gesamtgruppe in zwei Gruppen.

„Jetzt zieht sich bitte jedes Team auf seine Seite zurück. Ich erkläre kurz die neuen Regeln: Prinzessin", linke Hand in die Seite, rechte Hand heben und winken, kleine Tippelschritte nach vorne und dazu möglichst laut *„Tststststs"* rufen, *„schlägt den Ritter.*

Ritter", rechte Hand heben, Faust ballen als würde ein Schwert gehalten und einen Ausfallschritt nach vorne machen, dabei laut *„Ha"* rufen, *„schlägt den Drachen.*

Drache", rechten Arm nach oben, linken Arm nach unten, als ob sich ein riesiges Maul öffnet, zwei Schritte nach vorne gehen und dabei laut *„Grrrrrr"* rufen, *„frisst die Prinzessin.*

Ihre Aufgabe ist es jetzt, dass Sie sich im Team auf eine Figur einigen. Danach kommen Sie in der Mitte zusammen und jedes Team stellt sich gegenüber dem anderen Team in einer Reihe auf.

Auf mein Kommando ‚Los' zeigen Sie alle gleichzeitig die Geste und machen Sie das Geräusch, das zu dieser Figur gehört. Das Gewinnerteam bekommt einen Punkt und wir spielen fünf Runden. Alles klar? Wunderbar!"

Variation

Anstatt „Los" zu sagen, können Sie als Hinweis, dass die eine Minute um ist, mit einem Gegenstand Geräuschsignale geben. Zum Beispiel in der lauteren Variante, die wichtig bei großen Gruppen ist: Klingel, Fahrradhupe, Trillerpfeife, Buzzer, Vuvuzela, Jagdhorn. Leisere Varianten bei kleinen Gruppen (unter 15 Teilnehmern) sind: Klangschale, Zimbel und Gong. Sie können auch noch Geschenke für beide Teams mitbringen.

Technische Hinweise

- **Material:** Eine Übersicht, wer wen schlägt, vorbereiten
- **Vortragssetting:** Stehen
- **Publikumsbeteiligung:** Alle
- **Zeitpunkt:** Mitte/Schluss/Gut geeignet nach dem Mittagessen
- **Spielhaltung:** Spielerisch/Hohe Energie
- **Dauer:** 10 Minuten
- **Inspiration:** Klein, Zamyat (2015): Das tanzende Kamel. Kreative und bewegte Spiele für Trainings und Seminare. managerSeminare Verlag, Bonn.
- https://www.managerseminare.de/Trainerkoffer_Tools/Trainingsspiel-Drache-Prinz-Prinzessin,172516

Seit ich einmal selber nicht mehr wusste, wer jetzt wen schlägt, schreib ich es immer auf.

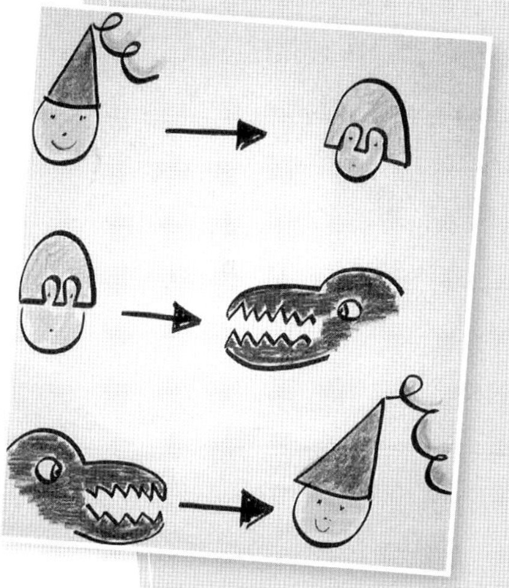

Verwaltung, Vertrieb, Produktion

Ziel

Der spielerische Wettbewerb zwischen zwei Gruppen lockert auf und fördert Spannung und Spontanität.

Übungsbeschreibung

Diese Variante von „Stein, Schere, Papier“ funktioniert gut, wenn Ihre Teilnehmer in den Firmen schon Erfahrungen mit den Rivalitäten zwischen Verwaltung, Vertrieb und Produktion haben – so etwas soll ja tatsächlich in Firmen vorkommen. Die Übung ist aber nicht für eine aktuelle Konfliktsituation geeignet, eher bei Strukturänderungen, Prozessänderungen, Changeprozessen, um das Miteinander von vorneherein humorvoll zu fördern.

Die Gesamtgruppe wird in zwei Teams unterteilt, die gegeneinander antreten. Die Obergrenze liegt daher bei ca. 60 Teilnehmern.

„Kennen Sie noch Stein, Schere, Papier? Stein“, die Faust zeigen, *„zerschlägt Schere, Schere“*, mit den Fingern andeuten, *„zerschneidet Papier und Papier“*, Handfläche zeigen, *„wickelt den Stein ein. Ein Spiel, das normalerweise von zwei Personen gespielt wird. Wir spielen es heute alle zusammen im Team.“* Bitte teilen Sie hier die Gesamtgruppe in zwei Gruppen.

„Jetzt zieht sich bitte jedes Team auf seine Seite zurück. Ich erkläre kurz die neuen Regeln: Verwaltung“, Hand an die Stirn zum Denken legen und laut *„Nein“* rufen, *„ist besser als der Vertrieb.*

Vertrieb“, Händeschütteln und lächeln und laut *„Ja!“* rufen, *„ist besser als die Produktion. Und die Produktion“*, Ärmel aufkrempeln und laut *„Los“* rufen, *„ist besser als* *die Verwaltung. Ähnlichkeiten mit lebenden oder toten Abteilungen sind rein zufällig und nicht beabsichtigt.*

Ihre Aufgabe ist es jetzt, dass Sie sich im Team auf eine Abteilung einigen. Danach kommen Sie in der Mitte zusammen und jedes Team stellt sich gegenüber dem anderen Team in einer Reihe auf. Auf mein Kommando ‚Start' zeigen Sie alle gleichzeitig die Geste, die zu dieser Abteilung gehört. Das Gewinnerteam bekommt einen Punkt und wir spielen fünf Runden. Alles klar? Wunderbar!"

Variation

Anstatt „Start" zu sagen, können Sie als Hinweis, dass die eine Minute um ist, mit einem Gegenstand Geräuschsignale geben. Es können Geschenke für beide Teams mitgebracht werden.

Technische Hinweise

- **Material:** Pinnwand o.Ä. zur Darstellung der Regeln
- **Vortragssetting:** Stehen
- **Vorbereitung:** Schreiben Sie die neuen Regeln möglichst groß auf eine Pinnwand, sonst entsteht beim Auswerten ein Durcheinander.
- **Zeitpunkt:** Immer
- **Publikumsbeteiligung:** Zwei Gruppen
- **Spielhaltung:** Spielerisch/Klare Ansage
- **Dauer:** 10 Minuten
- **Inspiration:** Margit Hertlein

Sehr beliebt als Variation der drei Positionen ist auch Innendienst – Außendienst – Kunde. Je nach Branche denke ich mir dazu dann entsprechende Gesten aus. Der Kunde legt zum Beispiel immer die Hände an den Kopf, schüttelt den Kopf und ruft „Oh-oh-oh".

4. Kapitel

Schluss

Indianerlob

Dieser Abschluss verblüfft nur, wenn das Publikum nicht aus „alten Seminarhasen" besteht.

Ziel

Humorvoller Abschluss mit unproblematischem Körperkontakt, der das Publikum zum Abschied kurz in Kontakt bringt.

Übungsbeschreibung

Je nach Vortragssetting stehen bei kleineren Gruppen die Menschen im Kreis. Bei fester Bestuhlung kann man das Indianerlob auch im Sitzen in der Stuhlreihe durchführen.

„Zum guten Schluss darf ich Sie bitten, Ihre rechte Hand zum großen Indianerehrenwort zu erheben." Wenn Sie sprechen, dann bewegen Sie Ihre Hand mit.

„Denken Sie noch einmal an die Dinge, die Ihnen heute wichtig waren, die Sie mit in Ihren Alltag nehmen möchten, daran, dass Sie alle miteinander gut gearbeitet haben. Dann lassen Sie bitte Ihre Hand über der Schulter Ihres rechten Nachbarn schweben. Berühren Sie vorsichtig die Schulter. Heben Sie die Hand wieder, senken Sie sie, heben Sie sie, senken Sie sie … und freuen Sie sich darüber, dass Ihnen auf die Schulter geklopft wird."

Variation

„Berühren Sie vorsichtig die Schulter Ihres Nachbarn. Heben Sie die Hand wieder, senken Sie sie, heben Sie sie, senken Sie sie … und rufen Sie laut ‚Danke, es war schön.'"

Technische Hinweise

- **Vortragssetting:** Stehen oder sitzen
- **Zeitpunkt:** Schluss
- **Publikumsbeteiligung:** Alle
- **Spielhaltung:** Augenzwinkernd
- **Dauer:** 3 Minuten
- **Inspiration:** Die Übung lernte ich bei einem Suggestopädiekongress kennen.

Zauberspiegel

Ziel

Der Abschluss vermittelt Wertschätzung für sich selbst und bringt das Publikum zum Lachen.

Übungsbeschreibung

„Sie bekommen jetzt von mir eine analoge Zauberspiegel-App. Lassen Sie Ihr Smartphone in der Tasche.

Nehmen Sie nur Ihre Hand, schauen Sie in die offene Handfläche. Halten Sie die Hand so, dass es ein Smartphone sein könnte. Wischen Sie zweimal, um zur Zauberspiegel-App zu kommen, und sagen Sie: ‚Spieglein, Spieglein in der Hand, wer ist die Tollste im ganzen Land?'"

Sie können für diesen Satz natürlich alles einsetzen, was zu Ihrem Vortrag passt: Fleißigste, Organisierteste, Intelligenteste, usw. Während Sie die Frage stellen, sehen Sie gespannt in Ihre Hand.

Wiederholen Sie diesen Satz zusammen mit dem Publikum. Dann heben Sie Ihre Hand ans Ohr und antworten Sie mit verstellter Stimme: *„DU!!!"*

Variation

Die Übung kann auch mit einem richtigen Taschenspiegel durchgeführt werden, den das Publikum als Give-away bekommt.

Technische Hinweise

- **Vortragssetting:** Sitzen oder stehen
- **Zeitpunkt:** Schluss/Immer
- **Publikumsbeteiligung:** Alle
- **Spielhaltung:** Spielerisch
- **Dauer:** 3 Minuten
- **Inspiration:** Vielleicht bei Vera Birkenbihl zum ersten Mal erlebt

Lob-Bizeps

Ziel

Der Lob-Bizeps bringt zum Lachen und vermittelt Wertschätzung für sich selbst.

Übungsbeschreibung

„Wenn es wieder mal heftig wird und ein Lob in weiter Ferne ist, dann suchen Sie sich ein stilles Plätzchen für Ihr persönliches Lob. Zugegeben, man kommt sich beim Selberloben schon ein wenig dämlich vor, aber das lässt nach. Denn Lob tut gut und nicht gelobt werden wir ja eh schon. Also, los geht's:

Formen Sie mit beiden Händen eine imaginäre Lob-Schale.

Jetzt beugen Sie sich über Ihre Lob-Schale und flüstern alles hinein, was da schon längst mal hineingehört.

Zum Beispiel: ‚Ich find Dich klasse', ‚Das letzte Projekt hast Du hervorragend betreut', ‚Super, dass du gerade so gelassen geblieben bist' oder was Sie schon immer über sich hören wollten – holen Sie sich Anregung von Ihrem spielerischen Kind-Ich und zu Risiken und Nebenwirkungen fragen Sie Ihr Erwachsenen-Ich.

Schauen Sie noch mal in Ihre Lob-Schale und verreiben Sie das gesamte Lob in Ihren Handflächen, dann reiben Sie mit dem Lob Ihre Oberarme ein, vor allem den Bizeps.

Jetzt heben Sie locker Ihre beiden Arme auf Schulterhöhe, ballen die Fäuste und geben Sie sich einen dicken Schmatz links und rechts auf Ihren angespannten Bizeps. Gerne noch mit einem lauten ‚Yeah'."

Variation

Wenn die Menschen sich kennen, dann kann die Lob-Schale auch vom Nachbarn gefüllt werden.

Technische Hinweise

- **Vortragssetting:** Sitzen oder stehen
- **Zeitpunkt:** Schluss/Immer
- **Publikumsbeteiligung:** Alle
- **Spielhaltung:** Spielerisch
- **Dauer:** 2 Minuten
- **Inspiration:** Margit Hertlein

Conclusio

Ziel

Wesentliches und Wichtiges wird im Schlussaustausch zusammengefasst, das Thema wird dabei im Blick behalten.

Übungsbeschreibung

Die Teilnehmer tun sich erst als Zweierpaar, dann in Vierergruppen und schließlich maximal zu 16 Personen zusammen. Ich habe diese Übung bisher mit max. 100 Personen durchgeführt, 96 wäre natürlich ideal, dann wären es genau sechs Schlussgruppen. Wenn es ein paar Teilnehmer mehr sind, gibt es am Anfang statt der Zweiergruppe eine Dreiergruppe, die sich dann mit einer anderen Zweiergruppe zusammenfindet.

„Zum Abschluss bitte ich Sie, alle aufzustehen. Suchen Sie sich eine Partnerin und einigen Sie sich in einer Minute darauf, was für Sie heute am wichtigsten war. In einem Satz. Ich schaue auf die Zeit und rufe nach einer Minute laut ‚Stopp!'. Los geht's.

Jetzt sucht sich jedes Zweierpaar ein anderes Zweierpaar und macht aus den zwei Sätzen wieder einen Satz in einer Minute. Los geht's.

Jetzt kommen eine Vierergruppe und eine Vierergruppe zusammen. Tauschen Sie sich über Ihre zwei Sätze aus und finden Sie gemeinsam einen Satz. Los geht's.

Und jetzt wird es schon eine Herausforderung, wenn sich zwei Achtergruppen zusammenfinden. Die Aufgabe ist immer noch: Tauschen Sie sich über Ihre zwei Sätze aus und finden Sie gemeinsam einen Satz in einer Minute. Los geht's. Und stopp.

Und jetzt bin ich gespannt auf Ihr Conclusio. Diese Gruppe, jetzt bitte so laut wie möglich, was ist Ihr Satz? ...
Applaus, danke schön. Diese Gruppe bitte so laut wie möglich, was ist Ihr Satz? ...
Applaus, danke schön."

Je nachdem, wie viele Gruppen es sind, kann es jetzt noch weitergehen.

„Diese Gruppe bitte so laut wie möglich, was ist Ihr Satz? ... Applaus, danke schön. Diese Gruppe bitte so laut wie möglich, was ist Ihr Satz? ... Und ein letztes Mal Applaus, danke schön. Und jetzt noch einmal Applaus – Applaus – Applaus für alle."

Variation

Statt „Stopp!" zu sagen, können Sie als Hinweis, dass die eine Minute um ist, mit einem Gegenstand Geräuschsignale geben. Für die lautere Variante etwa mit: Klingel, Fahrradhupe, Trillerpfeife, Buzzer, Vuvuzela oder Jagdhorn. Für eine leisere Variante etwa mit: Klangschale, Zimbel oder Gong. Möglich ist auch eine eingespielte Fanfare, Filmmusik, Zirkusmusik und vieles mehr.

Technische Hinweise

- **Material:** Stoppuhr
- **Vortragssetting:** Stehen
- **Zeitpunkt:** Schluss
- **Publikumsbeteiligung:** Alle, gestartet wird in Zweiergruppen
- **Spielhaltung:** Klare Ansage
- **Dauer:** Pro Gruppenbildung eine Minute
- **Inspiration:** Auf einem Kongress erlebt

Die Schlagzeile

Ziel

Mit dem Thema im Blick wird bei diesem Schlussaustausch spielerisch ausgewertet, Wichtiges wird zusammengefasst und es werden Stimmungen geäußert.

Übungsbeschreibung

Die Gesamtgruppe wird zuerst in Zweiergruppen aufgeteilt, die sich im weiteren Verlauf in Vierergruppen und dann Achtergruppen zusammentun. Es sollten maximal sechs Schlussgruppen übrig bleiben, sonst dauert die Schlusspräsentation zu lange und es entsteht Unruhe in der Gesamtgruppe. Bei größeren Gruppen sollten daher besser zwei Achtergruppen zu einer Gruppe aus 16 Personen zusammengefasst werden. Das heißt, „die Schlagzeile" funktioniert bei ca. 100 Personen. 96 wären natürlich ideal, dann wären es genau sechs Schlussgruppen. Wenn es ein paar mehr Teilnehmer sind, gibt es am Anfang statt der Zweiergruppe eine Dreiergruppe, die sich dann mit einer anderen Zweiergruppe zusammenfindet.

„Zum Abschluss bitte ich Sie, alle aufzustehen. Suchen Sie sich in zehn Sekunden eine Partnerin. Ich nehme die Zeit und rufe nach zehn Sekunden laut ‚Stopp!'. Los geht's. Jetzt sucht sich in zehn Sekunden jedes Zweierpaar ein anderes Zweierpaar und los geht's.

Jetzt kommt in zehn Sekunden eine Vierergruppe mit einer Viererguppe zusammen. Los geht's."

Je nach Gesamtgruppengröße können Sie an dieser Stelle „Stopp!" sagen und ins Publikum zu den Achtergruppen gehen. Verteilen Sie die verschlossenen Umschläge, in denen ausgedruckte Zeitungslogos stecken (s. Downloadressource). Sie können die Gruppen auch die Umschläge ziehen lassen. Gut geeignet sind die hier genannten Zeitschriften, Sie können aber auch jede andere Zeitschrift nehmen, die Ihre Zuhörer kennen. Es ist völlig ausreichend, wenn Ihre Zuhörer eine Vorstellung von der Zeitschrift haben, es muss nicht die Lieblingszeitschrift Ihres Publikums sein.

Sagen Sie bei jeder Gruppe, dass der Umschlag noch nicht geöffnet werden soll. Erst, wenn alle Gruppen ihren Umschlag haben, geht es weiter.

„Und jetzt noch eine Herausforderung: Halten Sie Ihre Umschläge bitte immer noch geschlossen, bis ich das Kommando ‚öffnen' gebe. Ich erkläre kurz, was zu tun ist.

In den Umschlägen finden sich Logos bekannter Zeitschriften. Und wir brauchen dazu eine reißerische Schlagzeile.

Finden Sie bitte in Ihrer Gruppe eine plakative Schlagzeile, die charakteristisch für die Zeitschrift ist, die Sie im Umschlag finden. Die Schlagzeile soll zusammenfassen, was für Sie heute/im Vortrag am wichtigsten war. Sie haben drei Minuten Zeit und ich rufe wieder laut ‚Stopp!', wenn die Zeit vorbei ist. Alles klar? O.K., dann öffnen."

Nach drei Minuten rufen Sie ‚Stopp!' und lassen jede Gruppe ihre Schlagzeile vorlesen. Dabei soll jemand das Logo der Zeitschrift für die anderen Gruppen sichtbar hochhalten.

„Und jetzt bin ich gespannt auf Ihre Schlagzeilen. Diese Gruppe bitte: Halten Sie das Logo hoch, ja genau. Danke. Und jetzt so laut wie möglich, wie ist Ihre Schlagzeile? ... Applaus, danke schön."

Nach jeder Schlagzeile sollte es unbedingt Applaus geben.

„Und jetzt noch einmal Applaus – Applaus – Applaus für alle."

Variation

Statt „Stopp!" zu sagen, können Sie als Hinweis, dass die eine Minute um ist, mit einem Gegenstand Geräuschsignale geben. Für die lautere Variante etwa mit: Klingel, Fahrradhupe, Trillerpfeife, Buzzer, Vuvuzela oder Jagdhorn. Für eine leisere Variante etwa mit: Klangschale, Zimbel oder Gong. Möglich ist auch eine eingespielte Fanfare, Filmmusik, Zirkusmusik und vieles mehr.

Technische Hinweise

- **Material:** Eine Stoppuhr und für jede Gruppe einen geschlossenen, neutralen Umschlag mit ausgedruckten Zeitungslogos, s. Downloadressourcen
- **Vortragssetting:** Stehen
- **Vorbereitung:** Zeitschriftenlogos finden, ausdrucken und in die Umschläge tun.
- **Zeitpunkt:** Schluss
- **Publikumsbeteiligung:** Alle
- **Spielhaltung:** Klare Ansage/Spielerisch
- **Dauer:** Insgesamt 5 Minuten
- **Inspiration:** Conclusio mit der Methode Bild-Zeitung von Barbara Messer kombiniert. Messer, Barbara (2016): Inhalte merk-würdig vermitteln, Beltz, Weinheim.

Im wilden Westen

Ziel

Ein müdes Publikum wird noch einmal aktiviert.

Übungsbeschreibung

Am einfachsten für Ihr Publikum ist es, wenn Sie auf der Bühne auch auf einem Stuhl sitzen und alles mitmachen.

„Stellen Sie sich vor, wir befinden uns hier nicht in ..., sondern in den Weiten der Prärie. Unser Tagesritt war lang und es ist viel passiert. Es ist auch völlig in Ordnung, nicht mehr ganz so fit zu sein. Aber ich versuche Sie noch mal, für den Endspurt zu aktivieren. Aus Sicherheitsgründen gebe ich Ihnen vor dem Endspurt noch ein paar Tipps, wie wir alle heil durch die Prärie kommen. Und Achtung, Sie reiten auf Westernpferden, die zu der Gewichtsverlagerung auch noch einen aufmunternden Ruf brauchen.

Zunächst gibt es da den tückischen Busch, Sie wissen schon, diese Büsche, die im Western durchs Bild rollen.“ Machen Sie eine Rollbewegung mit der Hand und Windgeräusche dazu.

„Diese Büsche müssen wir unbedingt umreiten, um nicht zu Fall zu kommen. Also wenn ich ‚Busch' rufe, dann legen Sie sich alle gleichzeitig nach links in den Sattel und rufen Ihrem Pferd zu: ‚Wuschsch'. Bitte alle in die gleiche Richtung, um die Verletzungsgefahr auszuschließen.

Es kommt leider auch noch der tückische Doppelbusch vor. Also von beiden Seiten ein Busch. Da hilft nur, auf mein Kommando ‚Doppelbusch' erst nach links mit einem ‚Wuschsch' und dann sofort nach rechts noch mal mit einem ‚Wuschsch' auszuweichen.

Ja und leider sind die Gefahren der Prärie damit noch nicht zu Ende. Ich werde Sie auch vor dem Kaktus retten. Beim Kaktus hilft kein Umreiten, da hilft nur springen. Also wenn ich ‚Kaktus' rufe, dann springen Sie vom Pferd hoch und rufen ‚Yoooo'.

Alles klar? Wir machen noch eine Probe:

- *‚Busch' ... nach links und ‚Wuschsch'*
- *‚Doppelbusch' ... links-rechts und ‚Wuschsch-Wuschsch'*
- *‚Kaktus' ... springen und ‚Yooo'."*

Und los geht's. Sie trappeln mit den Füßen anfangs im Trabrhythmus, dann im Galopp und bauen so viele Büsche und Doppelbüsche ein, wie Sie möchten, und natürlich auch den Kaktus, den liebe ich ganz besonders.

„Und jetzt kommt der Saloon in Sicht, Endspurt und ‚Jaa' geschafft, wir reißen zum Jubeln die Arme hoch, wir sind da.

Applaus, Applaus – das war der beste Endspurt, den ich heute erlebt habe. Vielen Dank. Reiten Sie gut nach Hause."

Falls vor dem Vortragssaal noch Getränke stehen: *„Und wenn Sie jetzt rausgehen, vergessen Sie nicht, Ihre Pferde mit Wasser zu versorgen."*

Variation

Sie teilen das Publikum in zwei Hälften. Die eine Hälfte sind die Cowboys, die andere Hälfte sind die Indianer. Diesmal geht es nicht sofort Richtung Saloon, sondern es müssen erst noch Pferdediebe gefangen werden. Bei der Verfolgung geben Sie das Signal.

- *„Cowboys"* – dann springt die Gruppe der Cowboys auf und ruft *„Hang him higher"*.

Im wilden Westen

- *„Indianer"* – dann springt die Gruppe der Indianer auf und ruft *„Tie them to the totem"*.

Busch, Doppelbusch und Kaktus können sich die meisten Gruppen noch merken. Bei der Erweiterung bereiten Sie Flipchart, Pinnwand oder Powerpointfolie mit den Kommandos vor.

Technische Hinweise

- **Material:** Flipchart o.Ä. mit den Kommandos
- **Vortragssetting:** Sitzen
- **Zeitpunkt:** Schluss
- **Publikumsbeteiligung:** Alle
- **Spielhaltung:** Hohe Energie/Spielerisch
- **Dauer:** 5–10 Minuten
- **Vorbereitung:** Flipchart oder Plakat für die Texte

Das Ja der Samurai

Ziel

Ein Unterbrecher, der müdes Publikum aktiviert und Stress abbaut.

Sie können die Übung dreimal hintereinander machen lassen. Aber bitte nicht öfter.

Übungsbeschreibung

„Der Tag war lang und viel ist passiert, für etliche hier im Saal gab es sicher sehr viele positive Impulse. Lassen Sie uns die doch mit einem japanischen ‚Ja' zusammen verstärken.

Stehen Sie bitte auf, gehen Sie ein wenig in die Knie und wenn Sie sich jetzt gleich wieder aufrichten, reißen Sie die Arme hoch und rufen ganz laut ‚Hai'.

Vielen Dank – ich bin mir nicht sicher, ob alle Samurai genau diesen Schrei verwendet haben, aber bei Ihnen hat sich das Ja großartig angehört."

Technische Hinweise

- **Vortragssetting:** Stehen
- **Zeitpunkt:** Schluss/Immer
- **Publikumsbeteiligung:** Alle
- **Spielhaltung:** Spielerisch/Hohe Energie
- **Dauer:** 1 Minute
- **Inspiration:** Margit Hertlein

Schluss! Aus! Basta!

Ziel

Die Übung zelebriert den Abschluss und gibt Energie.

Übungsbeschreibung

„Damit auch wirklich ganz klar ist, dass wir jetzt offiziell Schluss machen, bitte ich Sie, alle aufzustehen. Danke schön. Und dann lassen Sie uns alle miteinander ganz laut rufen: Schluss! Aus! Basta!

- *Beim ‚Schluss'! verschränken Sie alle die Arme.*
- *Beim ‚Aus!' entfalten Sie bitte Ihre Arme.*
- *Und beim ‚Basta!' reißen Sie bitte Ihre Arme nach oben.*

Also los:

- *Schluss!"* (verschränken Sie ebenfalls Ihre Arme)
- *„Aus!"* (öffnen Sie Ihre Arme und lassen Sie hängen)
- *„Basta!"* (reißen Sie Ihre Arme nach oben)

Und dann geben Sie Ihrem Publikum für diese Übung noch einen kräftigen Applaus mit den Worten: *„Vielen Dank – das war's."*

Technische Hinweise

- **Vortragssetting:** Stehen
- **Zeitpunkt:** Schluss
- **Publikumsbeteiligung:** Alle
- **Spielhaltung:** Hohe Energie
- **Dauer:** 1 Minute
- **Inspiration:** Erlebt bei einem Suggestopädie-Kongress

99 Luftballons

Ziel

Zum Abschluss lässt sich mit dieser Methode spielerisch Energie abbauen. Die Anforderung an Geschicklichkeit und Reaktionsvermögen bereitet Freude.

Übungsbeschreibung

„Ein Luftballon ist etwas ganz Einfaches. Aber wenn ein Saal voller Menschen da ist, wie Sie heute, dann wird aus dieser schlappen Hülle, die auf Ihrem Platz liegt, etwas ganz Besonderes.

Bitte pusten Sie jetzt Ihren Ballon auf und verknoten Sie ihn. Wir warten noch einen Moment, bis alle so weit sind.

O.K., sind Sie bereit? Dann stehen Sie auf und wenn die Musik beginnt, schubsen, kicken, köpfen Sie Ihren Ballon in die Luft und versuchen, ihn bis zum Musikende oben zu halten. Los geht's."

Lassen Sie die Musik möglichst laut einspielen.

„Danke, das war fantastisch. Kommen Sie gut nach Hause."

Variation

Die Ballons dürfen nur mit den Händen oder den Ellenbogen oder dem Kopf in der Luft gehalten werden.

Technische Hinweise

- **Material:** Luftballons, sehr schwungvolle und lebhafte Musik.
- **Vortragssetting:** Das Aufblasen geschieht an den Plätzen, dann verteilen sich die Teilnehmer im Raum.
- **Vorbereitung:** Für jeden Teilnehmer vorher einen Luftballon am Platz deponieren
- **Zeitpunkt:** Schluss
- **Publikumsbeteiligung:** Alle
- **Spielhaltung:** Spielerisch
- **Dauer:** 3–5 Minuten

Gemeindegesang

Das ist eine meiner Lieblingsaktionen und ich danke Barbara von ganzem Herzen für diese schöne Idee!

Ziel

Interaktiv und humorvoll kann eine zentrale Information herausgehoben werden.

Übungsbeschreibung

Der Gemeindegesang ist ein inszeniertes Wechselspiel zwischen Ihnen und Ihrem Publikum. Bei dieser schönen Aktion habe ich schon Teilnehmergruppen bis zu 2.000 Personen gehabt – es hat hervorragend geklappt. Und ich bin sicher, es klappt auch bei 5.000.

„Liebes Publikum, liebe Leut, liebe Gemeinde, um der Wichtigkeit/Brisanz/Bedeutung des Themas gerecht zu werden, habe ich für Sie etwas vorbereitet. Ihr Text, den Sie gleich zusammen laut vorlesen, ist deutlich markiert.

Unser Thema heute ist die Kommunikation mit dem Kunden. Unter besonderer Berücksichtigung der ‚widerspenstigen' Kunden, die immer mit unnötigen Einwänden kommen."

Den Text in der rechts gezeigten Variante können Sie unter den Downloadressourcen zu diesem Buch herunterladen.

„Ich danke Ihnen, das war ergreifend/1 A/ einfach umwerfend."

Variation

Ja, bei 2.000 Teilnehmern könnte man auch die Zettel weglassen und eine PowerPoint-Folie benutzen. Aber die Blätter sind beim Gemeindegesang das Tüpfelchen auf dem I.

Technische Hinweise

- **Material:** Textblätter, s. Downloadressourcen.
- **Vortragssetting:** Sitzen oder stehen
- **Vorbereitung:** Für jeden Teilnehmer ein Blatt mit dem gewünschten Text der Litanei ausdrucken. Mit dem Techniker absprechen, dass an dieser Stelle das Saallicht heller wird, damit die Teilnehmer die Blätter auch lesen können.
- **Zeitpunkt:** Start/Schluss
- **Publikumsbeteiligung:** Alle
- **Spielhaltung:** Augenzwinkernd/Spielerisch
- **Dauer:** Max. 5 Minuten
- **Inspiration:** Gefunden bei Messer, Barbara (2014): Ungewöhnliche Trainingspfade betreten. managerSeminare Verlag, Bonn.

	Publikum
Liebe Gemeinde	Ja, wir sind die Gemeinde.
Ich spreche zu Euch.	Ja, sprich zu uns.
Ich spreche jetzt.	Wir hören dein Wort.
Seid Ihr bereit?	Ja, wir sind bereit.
Seid Ihr wirklich willig, mir zuzuhören?	Ja, ja, wir sind willig und hören Dir zu.
Es soll Kunden geben …	Ja, es gibt so viele Kunden.
Die glauben nicht, was man Ihnen sagt.	Sind es Ungläubige?
Eher nicht.	Na, was denn dann?
Sie haben Einwände.	Sie haben Einwände??
Sie sagen „muss ich mir noch überlegen“.	Sie sagen „muss ich mir noch überlegen“.
Sie haben Einwände.	Wie kann das kommen?
Ja, sie haben Einwände.	Weißt Du die Antwort? Du weißt es, oder?
Na ja …	Na, was?
Ihnen fehlt der rechte Wille.	Ahhh – ihnen fehlt der Wille.
Sie sagen zu teuer. Sie sind noch nicht bereit.	Ahhh – sie wollen nicht.
Vollkommen grundlos. Dabei meinen wir es gut.	Ja – wir meinen es gut.
Nein, die Kunden haben keinen Grund.	Nein, keinen Grund.
Wir müssen Sie auf den rechten Weg führen.	Ja, führen, sonst fehlt ihnen was.
Einwände, Einwände, Einwände.	Wie fürchterlich.
Ja wie fürchterlich.	Was sollen wir tun?
Ich wische die Einwände weg.	Ja, weg vom Tisch, weg vom Tisch.
Ich ignoriere die Einwände	Ja, sie können gehen
Liebe Gemeinde und jetzt bin ich am Ende	Am Ende von was?
Am Ende meiner Weisheit.	Dann kannst du ja gehen.

Daumen drücken

Ziel

Ein humorvoller, energiereicher Abschluss, der das Publikum kurz in Kontakt bringt. Eine schöne Gelegenheit, den anderen Menschen zum Schluss einen Moment Aufmerksamkeit zu schenken.

Übungsbeschreibung

„Manchmal hilft ein wenig Unterstützung, damit die Inhalte und die Dinge, die wir uns vornehmen, auch einen selbstverständlichen Platz im Alltag bekommen.
Deshalb nehmen Sie bitte zum Abschluss die Hände vor die Brust, machen Sie eine Faust und strecken Sie die Daumen nach oben.

Genau so, wunderbar. Bleiben Sie bitte so stehen und ich komme zu Ihnen."

Bei kleineren Gruppen stehen die Menschen im Kreis und Sie stehen in der Mitte und drücken jedem der Reihe nach die Daumen und sagen dabei: *„Ich drücke Ihnen die Daumen."*

Bei größere Gruppen stehen die Menschen im Raum verteilt und Sie gehen von Gruppe zu Gruppe: *„Bleiben Sie bitte so stehen, ich komme zu Ihnen und drücke Ihnen die Daumen. Bis ich bei Ihnen bin, können Sie sich auch schon gegenseitig die Daumen drücken."*

Sie gehen ins Publikum und fassen mit Ihren beiden Händen reihum so viele Publikumsdaumen, wie Sie fassen können.

Variation

Bei bestuhlten Reihen (Kinobestuhlung) steht das Publikum auf und es wenden sich immer vier Personen aus einer ungeraden Reihe den vier Personen der dahinterliegenden Reihe zu und drücken sich gegenseitig die Daumen.

Technische Hinweise

- **Zeitpunkt:** Schluss
- **Publikumsbeteiligung:** Alle
- **Spielhaltung:** Spielerisch/Augenzwinkernd
- **Dauer:** 5–10 Minuten, je nach Gruppengröße
- **Inspiration:** Diese Übung habe ich bei einem Suggestopädie-Kongress kennengelernt.

Papierkorb

Ziel

Diese Aktivierung zum Schluss legt den Fokus auf persönliche Veränderung.

Übungsbeschreibung

„Zum Abschluss habe ich noch eine Bitte an Sie: Das, was Sie heute für sich wichtig, wesentlich, entscheidend gefunden haben, das nehmen Sie in Ihren Notizen, in Ihrer To-do-Liste und in Ihrem Kopf mit nach Hause. Vielleicht war aber auch irgendwas dabei, bei dem Sie heute ins Grübeln gekommen sind, nach dem Motto: ‚Das könnte ich jetzt wirklich sein lassen.' Wenn es so etwas gab – wunderbar, denn beim Rausgehen haben Sie jetzt die Gelegenheit, Dinge einfach dazulassen, die schon längst in den Papierkorb gehören.

Schreiben Sie dazu ein Stichwort auf, knüllen Sie das Blatt genüsslich zusammen, wenn Sie hinausgehen und werfen Sie das, was Sie jetzt endlich sein lassen wollen, in die bereitgestellten Papierkörbe. Danke und kommen Sie gut nach Hause."

Wenn die Teilnehmer schreiben und hinausgehen, kann im Hintergrund Musik laufen.

Variation

Wenn der Raum günstig liegt, dann können Sie statt einem Papierkorb auch Feuerkörbe aufstellen. Das ist sehr wirkungsvoll am Abend! Aber bitte vorher unbedingt mit der Organisation besprechen.

Technische Hinweise

- **Material:** Papier und Stifte, Abfallkörbe und gegebenenfalls Musik vorbereiten
- **Vortragssetting:** Sitzen
- **Vorbereitung:** Papier und Stifte auf den Plätzen, große Papierkörbe am Ausgang
- **Zeitpunkt:** Schluss
- **Publikumsbeteiligung:** Alle
- **Spielhaltung:** Klare Ansage/Einladend/Spielerisch
- **Dauer:** 4 Minuten
- **Inspiration:** Margit und Gaston

Postkarte für mich

Ich verwende diese Methode seit Jahren für meine Veranstaltungen auf Mallorca und ab und zu bekomme ich eine Rückmeldung von Teilnehmern, die mir lange danach mitteilen, dass die Mallorcakarte immer noch an ihrer Pinnwand hängt.

Ziel

Ein Abschluss mit Vorfreude auf den Transfer, bei dem Wichtiges zusammengefasst wird.

Übungsbeschreibung

Wenn Ihre Veranstaltung in einer besonders schönen Region oder in einem tollen Ambiente stattfindet, dann ist die schöne, altmodische Ansichtskarte genau das Richtige, um die Teilnehmer an Ihren Vortrag, die Inhalte, das Umsetzen und die Veranstaltung zu erinnern. Diese Transfermethode wirkt immer dann besonders, wenn Teilnehmer schon seit Jahren keine Ansichtskarten mehr bekommen haben.

Legen Sie die Postkarten und Stifte an einen gut erreichbaren Ort, z.B. auf einen Tisch neben dem Ausgang.

„Bevor wir zum Abschluss kommen, habe ich noch eine kleine Überraschung für Sie. Sie bekommen in circa vier Wochen Post von mir. Nein, keine E-Mail, keine What's App, keine Twitter-Botschaft, sondern eine schöne altmodische Ansichtskarte. Die liegen auf dem Tisch am Ausgang schon für Sie bereit.

Wer möchte, nimmt sich eine und adressiert die Karte an sich selbst. Dann schreiben Sie genau das auf die Karte, an das Sie sich in vier Wochen erinnern wollen. Ideen aus dem Vortrag, was Sie tun wollen oder Sie schicken sich selbst einfach liebe Grüße.

Die fertig geschriebenen Karten werfen Sie bitte in den Korb, der neben dem Ansichtskartentisch steht. Und dann freuen Sie sich auf die Ansichtskarte, die in ca. vier Wochen bei Ihnen ist."

Variation

Falls Sie mit der Ansichtskarte nicht an den Ort erinnern möchten (vielleicht ist die Umgebung nicht so richtig schön), dann gestalten Sie die Ansichtskarten selbst:

- Thema des Vortrags
- Sprichwort oder Zitat, das Sie im Vortrag verwendet haben
- Eine gezeichnete Karte mit einem Pfeil und dem Kommentar „Wir waren hier“

Die arbeitsintensivste, aber auch die Kunden am meisten verblüffende Variante ist die Karte mit von Ihnen handgeschriebenen Tipps, zum Beispiel wie rechts gezeigt. Diese Variante funktioniert nur bei Gruppen bis max. 30 Teilnehmern.

Technische Hinweise

- **Material:** Ansichtskarten vom Tagungsort, dem Tagungshotel oder der Region, in der die Veranstaltung stattfindet. Stifte für die Teilnehmer. Einen Behälter/Korb/Schüssel o.Ä. für die fertig beschriebenen Ansichtskarten
- **Vortragssetting:** Angenehmer ist es für Teilnehmer, wenn Sitzgelegenheiten oder Tische als Schreibunterlage vorhanden sind. Zur Not kann man die Ansichtskarten aber auch im Stehen schreiben.
- **Vorbereitung:** Ansichtskarten besorgen. Ab einer Gruppengröße von 30 Teilnehmern ist es sinnvoll, die Karten schon vorher zu verteilen, sonst entsteht zum Schluss ein Gedrängel.
- **Zeitpunkt:** Schluss
- **Publikumsbeteiligung:** Alle
- **Dauer:** Nach Teilnehmeranzahl. Max. 15 Minuten
- **Spielhaltung:** Klare Ansage/Einladend

Quellen und Literatur

- Baer, Ulrich: 666 Spiele für jede Gruppe für alle Situationen. 8. Aufl., Velber, Kallmeyersche Verlagsbuchhandlung GmbH 1998.
- Book, Peter: „Der leere Raum". Berlin, Alexander Verlag, 2009.
- Grantham, Barry: Playing Comedia. A Training Guide to Commedia Techniques. 1. Aufl., Portsmouth, Heinemann, 2000.
- Gudjons, Herbert: Spielbuch Interaktionserziehung. 4. erg. Aufl., Bad Heilbrunn, Verlag Julius Klinkhardt, 1990.
- Hertlein, Margit: Meine 24 Lieblingsrätsel. Weißenburg, Hellhörig Verlag, 2005.
- Hertlein, Margit: Meine 24 Lieblingsgeschichten. Weißenburg, Hellhörig Verlag, 2006.
- Hertlein, Margit: Raus aus dem Jammersumpf. München, Ariston Verlag, 2014.
- Höper, Claus-Jürgen; Kutzleb, Ulrike; Stobbe, Alke; Weber, Bertram: Die spielende Gruppe. 115 Vorschläge für soziales Lernen in Gruppen. 11. Aufl., München, Verlag J. Pfeiffer, 1990.
- Johnstone, Keith: Improvisation und Theater. 11. Aufl., Berlin, Alexander Verlag, 1993.
- Johnstone, Keith: Theaterspiele. Spontaneität, Improvisation und Theatersport. 1. Aufl., Berlin, Alexander Verlag, 1998.
- Messer, Barbara: Ungewöhnliche Trainingspfade betreten. Bonn, managerSeminare Verlags GmbH, 2014.
- Messer, Barbara: Inhalte merk-würdig vermitteln. Weinheim, Beltz Verlag, 2016.
- Rachow, Axel: Ludus & Co. Bonn, managerSeminare Verlags GmbH, 2012.

- Rachow, Axel: LudoCards. 80 ergänzende Spiele zu Ludus & Co. Neuland Verlag.
- Rachow, Axel: Spielbar. 2. Aufl., Bonn, managerSeminare Verlags GmbH, 2006.
- Radim, Vlcek: Workshop Improvisationstheater.Übungs- und Spielesammlung für Theaterarbeit, Ausdrucksfindung und Gruppendynamik. 6.Aufl., Donauwörth, Auer Verlag, 2009.
- Storch, Maja; Canteni, Benita; Hüter, Gerald; Tschacher, Wolfgang: Embodiment. Die Wechselwirkung von Körper und Psyche verstehen und nutzen. 2. Aufl., Bern, Verlag Hans Huber, 2010.
- Spolin, Viola: Improvisation for the Theater. Third Edition. 3. Ausgabe, USA, Northwestern University Press, 1999.
- Wiseman, Richard: Rip it up. The radically new aproach to changing your life. London, Macmillian, 2012.
- Wiseman, Richard: 59 Seconds. Think a little, change a lot. London, Macmillian, 2009.
- Ziegler, Erich: Das Australische Schwebholz. Und 199 andere Spiele für Trainer und Seminarleiter. Gabal Verlag 2006.

Und inspiriert haben uns ...

Keith Johnstone, Bernhard Ludwig, Slava & die Snowshow, Cirque de Soleil, Juan Tamariz, Woody Aragon, Die Fertigen Finger, Helge Thun, Vera Birkenbihl, Luise Kinseher, Maja Storch und viele, viele, viele Theatermacher, ebenso viele, viele, viele Suggestopäden, Kolleginnen und diverse Fernsehsendungen.

Margit Hertlein & Gaston Florin

Direkt nach dem Ethnologie- und BWL-Studium gründete **Margit Hertlein** ihr erstes Unternehmen und sammelte danach in 10 Jahren als Geschäftsführung eines Autohauses jede Menge Erfahrungen im Vertrieb, in der Kundenorientierung und in der Führung. Sie verknüpfte diese Erfahrungen mit Seminarkonzepten für Verbände, schnupperte Seminarluft, stellte fest „das ist es" und machte sich noch einmal selbstständig.

Sie geht seit 20 Jahren als Expertin für Führung, Kommunikation und Neugier mit ihrem Margit-Hertlein-Trainerteam ungewöhnliche Wege in der Konzeption von Trainingsprozessen und Workshops und ist Autorin etlicher Longseller.

Margit Hertlein wird immer gerne für interaktive und humorvolle Vorträge gebucht, die den Zuhörern augenzwinkernd einen Spiegel vorhalten. Sie ist eine der kreativsten Verknüpferinnen von Businessinhalten und spielerischer Fantasie, lebenserfahren, herzlich und energiesprühend – das spürt man in ihren mitreißenden Vorträgen. Denn sie liebt die Bühne und den Kontakt mit dem Publikum.

Seit über 20 Jahren geht sie als Keynote-Speakerin und Trainerin gerne ungewöhnliche Wege. Margit Hertlein ist Vortragsrednerin des Jahres 2013 und im Vorstand des deutschsprachigen Rednerverbands (GSA German Speakers Association).

Kontakt

- www.margit-hertlein.de
- www.margit-hertlein-trainerteam.de
- http://wunderbar.link/

Vielfach ausgezeichnet und weltweit unterwegs, verbindet **Gaston Florin** als Perspektivenlieferant und Profikindskopf geistreiche Unterhaltung und ansteckende Spielfreude mit starken Wissensinhalten.

Als Magier mit einzigartiger komödiantischer Begabung gewann er unter anderem die Titel „Deutscher Meister" und „Weltmeister der Zauberkunst" sowie den von Siegfried & Roy in Las Vegas verliehenen Sarmoti Award. Und als Experte für Körpersprache und Verwandlungs-Fachmann ist er bereits für zahlreiche Theaterproduktionen und Firmen tätig gewesen.

Dieser Hintergrund entfaltet Wirkung, wenn Gaston Florin als Vortragender in Symposien und Kongressen spricht. Beim „Embedded Software Engineering" (ESE) Kongress in Sindelfingen wurde er mit dem „Best Speaker Award" ausgezeichnet.

Für Firmenkunden leitet er Coachings, Workshops und konzipiert Business-Shows.

Mit viel Humor und Einfühlungsvermögen macht Gaston das Erkennen der eigenen Möglichkeiten zum Vergnügen!

Kontakt

- www.gaston-florin.de
- info@gaston-florin.de